세상을 바꾸는 힘 로컬 커뮤니티
- 영국 토트네스 전환마을을 가다 -

= **일러두기**
1. 용어는 우리말로 풀이하였으나 일부는 원어를 사용하였습니다.
2. 국립국어원 외래어표기법에 준하여 발음하였습니다.
3. 각주에는 용어의 설명, 확장된 내용, 출처 등을 담았습니다.
4. 본문에 사용된 괄호는 이해를 위해 저자가 보충한 것입니다.
5. 지도, 로고, 포스터 등은 커먼즈에서, 그외에는 저작권을 표기하여 사용했습니다..

유럽의 도시 기행 ④

영국 토트네스 전환마을을 가다
세상을 바꾸는 힘 로컬 커뮤니티

글/사진 소노스(SONOS)

레겐보겐북스

"작은 것이 아름답다"

CONTENTS

프롤로그

1장 왜 토트네스에 주목하는가
  1 토트네스에 도착하다   19
  2 신속한 전환의 기술 강연   21
  3 토트네스의 역사와 사상적 연대   26

2장 다팅턴 트러스트
  1 다팅턴을 발견하다   41
  2 시인 타고르의 마을 재생운동   45
  3 엘름허스트의 다팅턴 홀 실험   52
  4 다팅턴 트러스트   61

3장 슈마허 칼리지
  1 슈마허 칼리지를 만나다   81
  2 사티쉬 쿠마르의 사상적 총체   84
  3 슈마허의 '작은 것이 아름답다'   94
  4 슈마허 칼리지는 지구공동체   107

4장 토트네스 전환마을

1 토트네스 전환마을을 찾아가다	123
2 토트네스 전환마을	125
3 롭 홉킨스의 창조와 상상력의 메시지	146
4 지역 중심의 전환 커뮤니티의 힘	163

에필로그

다시, 에필로그

부록 1 슈마허 서클

부록 2 전환운동의 원칙

참고문헌

프롤로그

우리에게 토트네스는

2010년 무렵 우리는 토트네스 전환마을을 알게 되었다. 당시 국내에는 정보가 많이 없어서 인터넷을 뒤져가며 조금씩 전환운동에 대해 알아갔다. 빈 땅에 과일나무를 심는 모습, 로컬푸드를 이용하고 파머스 마켓을 여는 모습, 습지를 보호하고 생태계를 복원하는 모습 등 여러 활동들을 볼 수 있었다. 그러는 동안 화면 너머에 있는 토트네스 마을은 우리가 살고 싶은 미래의 마을이 되었다.

> "정부를 기다리기에는 너무 늦고, 개인은 미약하지만, 이웃과 함께 한다면 제때, 제대로 할 수 있습니다."

토트네스 전환마을을 설립한 롭 홉킨스는 전환운동의 가장 큰 힘은 로컬 커뮤니티라고 말한다. 이웃과 함께 하는 행동으로 세상의 변화를 이끌어낼 수 있다고 말이다. 또 오늘날 위기의 시대에 불안한 마음으로 기다리기만 할 것이 아니라 지금보다 더 나은 미래를 그려보고 모두 함께 대비해나가자고 했다. 전환운동은 미래에 대한 긍정과 희망의 메시지가 개인과 사회를 변화시킬 수 있다고 확신하고 있다. 시대의 위기를 오히려 흥미로운 반전으로 이끈 전환운동은 전 세계의 큰 주목을 받았다.

지구온난화를 규제하기 위해 세운 온실가스 배출량 감축도, 탄소중립의 목표도, 평균기온 1.5℃ 상승을 제한하려는 목표도 달성될 기미가 보이지 않는다. 그러나 폭우와 폭설, 폭염과 산불 등 기후 재난은 갈수록 심해지고 있다. 이런 상황에서 영국 토트네스의 한 작은 마을에서는 위기의 시대를 고민하고 지역의 회복을 위해 노력하고 있는 주민들이 있었다.

"우리가 무엇을 할 수 있을까"

그 시작은 피크오일과 기후변화였다. 주민들은 회관에 모여 토론하며 에너지 위기와 기후변화는 더 이상 외면하거나 미룰 수 없는 문제라고 생각했다. 주민들은 자신들이 살고 있는 지역에서, 이웃과 함께 실천할 수 있는 일부터 시작했다. 화석연료에 의존하던 생활방식에서 벗어나 새로운 아이디어와 방법을 시도해 보았다. 주민들은 이웃과 함께 그룹으로 모여 커뮤니티를 만들었고 꾸준히 문제를 해결하려고 노력했다. 이것이 바로 전환운동의 시작이었다.

우리도 언젠가 기회가 되면 토트네스 전환마을에 꼭 한번 가보고 싶다는 꿈이 생겼다. 또다른 이유도 있었다. 토트네스에는 슈마허 칼리지도 있었다. 《작은 것이 아름답다》를 쓴 에른스트 슈마허의 정신을 이어받은 생태학 교육의 산실이다. 유럽의 환경도시를 찾아볼 기회가 생겼을 때 스트라스부르, 프라이부르크, 베를린 등을 방문하기로 계획했고, 그 여정에 제일 먼저 토트네스를 포함시켰다. 그래서 영국 런던에 도착하자마자 제일 먼저 토트네스까지 가는 버스 티켓을 구했다. 하지만 숙소를 구할 수가 없어 애가 탔는데, 다행히 토트네스 구시가지에서 좀 떨어진 워크 마을에 비앤비 숙소를 구할 수 있었다. 에너지와 물을 절약하고 비건조식을 제공하는 친환경 생활방식을 실천하고 있는 곳이었다.

토트네스 시내에서 워크 마을로 들어가 보니 양들이 노니는 언덕과 오래된 코티지들이 있는 한적한 시골마을이었다. 세인트 메리 성당과 슈마허 칼리지, 토트네스 전환마을까지 걸어다닐 수 있는 워크 마을에서 지내는 동안 우리는 토트네스에 대해 새로운 사실을 알게 되었다. 산책로와 탐방로를 다니는 동안 토트네스의 역사에 대해 조금씩 알게 되면서, 이 지역에는 이미 오랜 전부터 마을을 재건하기 위해 노력한 많은 사상가들이 있었다는 것을 발견할 수 있었다.

우리가 제일 먼저 만난 건 바로 인도의 시인 타고르였다. 그리고 그를 스승으로 둔 다팅턴의 엘름허스트, 간디와 비노바 바베의 영성을 이어받은 사티쉬 쿠마르, 그와 사상적 우정으로 맺어진 에른스트 슈마허 등으로 이어졌다. 토트네스에는 마을을 중심으로 한 재생운동의 역사가 이어져 내려오고 있었던 것이다. 앞선 시도와 도전, 연대와 협력, 지성인들의 사상적 교류 등이 남아있었다. 토트네스는 전환운동뿐 아니라 지속가능성을 모색하는 세계의 구심점 역할을 하고 있었다. 영국 토트네스를 탐방한 이 글은 우리가 시대를 넘나들며 만난 사상가들의 로컬운동에 대한 이야기이다.

 이 책은 크게 네 부분으로 나누어져 있다.
 1장에서는 전 세계가 토트네스에 주목하는 이유를 알아보았다.
 우리가 토트네스에 도착한 날 다팅턴 홀에서 열린 '신속한 전환의 기술' 강연은 기후위기를 맞이하는 자세, 그리고 각자의 위치에서 어떻게 기후위기에 대처할 것인가에 대해 이야기했다. 이 강연은 토트네스가 주관한 행사로, 강연이 가지는 시사성으로 볼 때 토트네스 전환마을, 다팅턴 트러스트, 슈마허 칼리지가 얼마나 중요한 역할을 하고 있는지 알 수 있었다.

 2장에서는 다팅턴 트러스트를 소개한다.
 다팅턴 트러스트를 알게 된 것은 우리에게 놀라운 발견이었다. 인도의 시인 타고르에서부터 시삭된 마을 새건운동, 타고르를 도우며 영국에서의 공동체를 꿈꾸었던 엘름허스트 부부, 그들이 다팅턴 홀 실험을 통해 마을의 부흥을 이끌며 다팅턴 트러스트의 재단설립으로 이어지는 과정을 살펴본다.

3장에서는 슈마허 칼리지를 만나본다.

다팅턴 트러스트에서 슈마허 칼리지의 설립으로 이어지는 과정을 살펴보았다. 슈마허 칼리지는 《작은 것이 아름답다》를 쓴 에른스트 슈마허의 정신을 이어받은 생태학 교육의 산실로 오늘날 전 세계의 주목을 받고 있다. 초대 확장인 사티쉬 쿠마르는 비노바 바베, 에른스트 슈마허 등의 사상을 이어받아 그들의 정신과 연구를 전하기 위해 노력해왔다. 슈마허 칼리지는 전 세계의 학생들과 함께 생태학, 전체론적 학문, 신경제학 등을 교육하고 있다.

4장에서는 토트네스 전환마을을 찾아간다.

2006년 토트네스는 최초의 전환마을을 선언한 이후, 주민 중심의 커뮤니티 활동을 통해 지역 중심의 경제 시스템, 퍼머컬처, 기후위기 대안 등 지속가능한 방식의 허브가 되었다. 전환운동은 전 세계의 거리마다 도시마다 확산되어 나갔다.

토트네스에는 지역의 커뮤니티 연대가 활발할 뿐만아니라 지역 중심의 마을 재생운동, 공동체 회복을 위한 '로컬 커뮤니티의 힘'으로 응축되어 있었다. 유럽의 환경도시를 찾아나선 탐방은 토트네스에서 빛을 발했다.

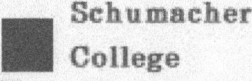

1장 왜 토트네스에 주목하는가

> 1 토트네스에 도착하다
> 2 신속한 전환의 기술 강연
> 3 토트네스의 역사와 사상적 연대

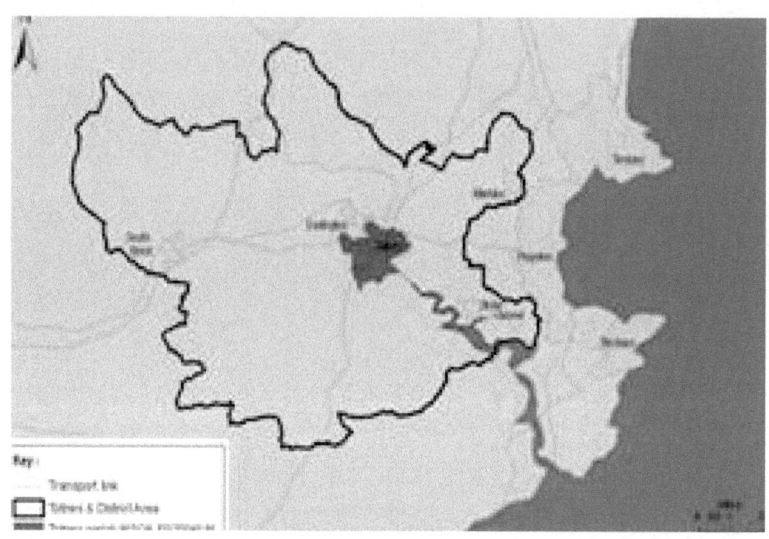

토트네스 행정구역과 교구

다팅턴 그레이트홀

슈마허 칼리지

토트네스

1장 왜 토트네스에 주목하는가 17

"우리에겐 이제 두 가지 선택지만이 남았다고 생각합니다.
속도를 내서 더 빨리 전환의 길로 향하느냐,
아니면 실패하느냐.
그러기 위해서는 일상적 실천,
즉 날마다 하는 수많은 행동을 바꿔야 하죠."

-질 페롤

1 토트네스에 도착하다

 새벽 일찍 런던의 버스터미널 빅토리아 코치 스테이션에서 버스를 기다렸다. 런던을 떠나 서쪽 데본 주에 있는 토트네스를 찾아가는 길이다. 오늘날 에너지 위기와 기후위기의 시대를 맞아 로컬 커뮤니티를 중심으로 전환운동을 시작한 곳이다. 마을 주민들이 스스로 커뮤니티를 만들어 실험하고 도전하면서 왕성하게 활동하고 있다. 그리고 《작은 것이 아름답다》를 저술한 에른스트 슈마허의 사상과 연구를 이어받아 대안경제와 생태교육에 힘쓰고 있는 슈마허 칼리지도 방문할 예정이다. 마을 전체가 학교이고 나아가 전 세계 석학들과 활동가들이 생태학 강의를 펼치고 있는 곳이다. 가장 작은 학교이자 글로벌 학교이다.

 어두운 새벽에 길을 나섰는데 런던을 벗어나기 시작하면서 아침이 밝아오고 있었다. 대도시를 벗어나자 창밖으로 초원들이 펼쳐졌다. 자연과 문화유산을 보호하자는 내셔널 트러스트의 면모를 보는 듯했다. 1895년 하드윅 론슬리, 옥타비아 힐, 로버트 헌터, 존 러스킨이 모여 창립한 내셔널 트러스트는 고성과 저택, 숲과 정원, 호수와 해안 등을 확보하기 위해 노력했다. "모두를 위해, 영원히"라는 목표 아래 공유지를 넓히는 방법은 한 사람이 기부한 1만 파운드가 아니라, 1만 명이 기부한 1파운드를 모으는 일이었다. 사회를 이끌어가는 힘은 정책이 아니라 시민들 한 사람 한 사람의 힘이라는 걸 말해주고 있다. 모두가 공유할 수 있는 공간을 늘려나가고, 모두가 누릴 수 있는 사회를 위해 트러스트를 설립해 활동하는 모습에는 130여 년이 넘은 내셔널 트러스트의 정신이 고스란히 담겨있다.

이러한 정신은 우리가 찾아가는 토트네스의 전환운동과도 닮아 있다. 정부의 정책을 기다리는 것보다 개인의 변화를 통해 이웃과 만나고, 함께 커뮤니티를 만들어 미래의 사회에 대처한다는 전환운동은 영국을 넘어 전 세계의 거리와 도시로 퍼져나가고 있다. 버스가 달리는 동안 이런 생각으로 창밖을 바라보니 깨끗한 대기와 짙푸른 하늘이 초원의 풍경과 어우러져 눈을 뗄 수 없을만큼 아름다웠다. 어느 덧 버스는 다트 강이 흐르는 토트네스에 도착했다.

2 신속한 전환의 기술 강연

토트네스에 도착한 날에는 다팅턴 홀에서 워크숍이 열리고 있었다. "신속한 전환의 기술"이라는 주제로 환경운동가, 경제학자, 정치가, 예술가 등 다양한 분야의 연구자와 활동가들이 모여 열리는 강연이었다.[1] 이번 워크숍은 2018년 영국의 브리스톨 의회가 최초로 기후 비상 선언Climate emergency declaration을 한 후, 영국 정부와 다른 지방의회에도 기후위기의 심각성을 촉구하기 위해 마련된 자리였다. 10월에 첫 강연을 시작해 다음해 5월까지 앞으로 몇 개월에 걸쳐 열리는 행사였다. 워크숍은 위기의 시대를 새로운 전환의 기회로 삼기 위해 펼쳐졌다. 단지 지구의 환경적인 면뿐만 아니라 정치적, 경제적, 사회적, 문화적 측면 등 모든 분야에서 새로운 생활 방식과 모델, 그리고 해결책이 모색될 것이다. 또한 더 이상 기후위기를 외면하거나 미룰 수 없다는 의미도 포함되어 있다. 그래서 과연 우리는 위기의 시대에 전환할 준비가 되어 있는지 진단하는 시간이라 할 수 있다. 앞으로 기후 비상 선언으로 어떤 준비가 필요하고 어떻게 극복해 나갈 수 있는지 구체적인

---

1 "신속한 전환의 기술" 워크숍은 2019년 10월에서 2020년 5월까지 이어졌다.

방법을 나누고 서로 영감을 주고받는 중요한 자리이다.

- 직장에서 기후위기에 대해 이야기하자, 로빈 웹스터
- 서로에 대한 인식 바꾸기, 톰 크롬톤
- 정당한 전환을 위한 은행, 토니 그린햄
- 우리가 사는 곳에서 정치를 변화시킬 수 있는 방법, 로라 로스
- 음식의 정치적 변경, 조티 페르난데스
- 도넛에 살기 위한 행동 계획, 케이트 레이워스
- 기후 빛 비상사태 시의 예술, 전환 및 적응, 루스 벤 토빔

첫 강연은 '직장에서 기후위기에 대해 이야기하자'라는 제목으로 열렸다. 로빈 웹스터 Robin Webster 는 비영리단체 <기후활동지원 Climate Outreach>에서 연구하고 있는 기후위기 커뮤니케이션에 대해 설명했다. 그동안 기후위기에 맞서 국제적인 협약, 과학적인 증명, 활발한 캠페인 등을 펼쳐왔지만, 시민들의 참여는 왜 부진할까에 대한 고민이 있을 것이다. 이에 대해 활동가나 단체는 어떤 방식이 필요할까. 로빈 웹스터는 기후재난이나 종말론보다는 시민들에게 창의적이고 긍정적인 메시지가 더 효과적이라고 알려 주었다. <기후활동지원>은 여러 환경단체들이 효과적으로 기후활동을 할 수 있도록 커뮤니케이션을 지원하는 역할을 꾸준히 하고 있다.

기후위기의 시대에 발빠른 대응을 위해 열린 "신속한 전환의 기술" 워크숍은 데본 주 의회가 지원하고 토트네스 전환마을 Transition Town Totnes, 슈마허 칼리지 Schumacher College 그리고 다팅턴 트러스트 Dartington Trust 가 주최

하였다. 런던으로부터 멀리 떨어진 잉글랜드 서쪽의 작은 지역 토트네스에서, 오늘날 인류가 처한 위기의 문제를 해결하기 위해 모였다는 것은 매우 놀라운 일이다. 하지만 이 작은 지역을 들여다보면 최초로 전환운동이 시작된 토트네스 전환마을이 있고 최초의 생태학 전문 교육이 이루어지고 있는 슈마허 칼리지도 있다. 그리고 다팅턴 트러스트는 슈마허 칼리지를 설립하고 지역 경제 시스템을 연구하고 있다.

토트네스에는 많은 학자들이 모여 '지역화'에 집중하며 강연과 연구를 이어가고 있다. 제임스 러브록의 뒤를 이어 스테판 하딩, 리처드 하인버그, 데이비드 플레밍, 헬레나 호지, 케이트 레이워스, 나오미 캠벨, 반다나 시바 등 인류의 문제를 논하는 지성인들이 실험과 대안을 모색하고 있다. 신속한 전환의 기술 강연에 참여한 도넛 경제학의 케이트 레이워스는 전환에 대해 다음과 같이 말했다.

> "강력한 비전을 창조합시다. 전환을 위해 나아가는 것입니다. 지역과 전체를 생각하는 마음에 여타의 모든 방법까지 결합해서 전환점을 만듭시다. 각자 할 수 있는 그곳에서부터 지역과 세계를 모니터하는 거예요. 지역의 정책이 도넛 밖으로 나가지 않도록요. 지속적으로, 창의적으로 그리고 즐겁게 해나갑시다."[2]
> – 케이트 레이워스

---

2 안희경, 《내일의 경제》, 메디치미디어, 2021

다음날부터 본격적으로 토트네스를 탐방하는 동안 더 많은 사상가들이 우리를 기다리고 있었다. 지속가능한 미래를 위해 한 발 앞선 모델이 되고 있는 이 지역에서 우리가 발견한 것은, 이미 지역과 마을을 살리려는 운동이 역사적으로 이어져 왔다는 것이다. 간디와 비노바 바베를 이어받은 사티시 쿠마르의 생태평화운동, '작은 것이 아름답다'의 정신을 물려준 에른스트 슈마허를 이어받은 슈마허 칼리지, 그리고 인도의 시인 타고르의 마을 재건운동을 이어받은 엘름허스트까지, 그 외에도 많은 이야기들이 이 작은 지역에 전해져 내려오고 있었다. 시대를 앞서 지역의 회복력과 지역 경제의 자립이 중요함을 보여준 세계의 지성들이 모두 토트네스와 연결되어 있다는 것을 발견한 후, 우리는 마을을 다니며 그들이 남긴 정신과 흔적을 찾아보았다.

사상가들이 우리에게 던져준 메시지는 '마을 재생', '지역 공동체', '지역의 회복력'이었다. 그것은 한 마을이라도 스스로 살아갈 힘을 갖는다면 그 마을을 모델로 여러 마을이, 그리고 나라와 전체가 탄탄해질 것이라는 비전이었다. 이는 오늘날 에너지 위기와 기후위기의 문제에 대처하기 위해 시작된 전환운동과도 이어지는 부분이었다. 이렇게 토트네스 전환마을의 탐방에는 마을 재생운동의 원류를 찾아가는 여정이 추가되었다.

우리는 새로 알게 된 사상가들을 통해 토트네스가 새로 싹트는 씨앗이 아니라 몇 백 년을 이어온 우람한 나무라는 걸 알게 되었다. 작은 변화를 통해 혁명을 꿈꾸었던 사상가들의 신념과 혁신적인 아이디어,

그리고 실패조차도 배움으로 삼았던 실험과 도전은 오늘날 위기의 시대를 맞아 다시 로컬 운동에 집중하고 있었다. 토트네스의 세 지역을 부지런히 오가며 일찍이 마을과 지역의 발전을 위해 노력했던 로컬 운동의 역사적 사상가들을 차례로 만나보자.

3 토트네스의 역사와 사상적 연대

 전환운동을 알아보기 위해 토트네스에 왔지만 영국의 서쪽 끝자락에 있는 이 도시가 그렇게 널리 알려져 있는 것은 아니었다. 우리도 이 도시의 역사를 좀더 살펴보고 싶어서 구 시가지로 나갔다. 마을은 중세 도시의 모습을 그대로 간직하고 있었다. 쇼핑센터나 글로벌 체인점들이 없어서인지 더욱 시대를 가늠하기 어려웠다. 런던에서 서쪽으로 반나절 이동해 온 것뿐인데 중세시대로 시간여행을 온 것처럼 느껴졌다.

 중심거리인 포어 스트리트Fore Street로 들어서자 중세시대로의 관문처럼 보이는 이스트 게이트East Gate가 맞아주었다. 토트네스는 10세기경에 형성된 성벽 마을이기 때문에 아치문은 도시의 역사를 짐작할 수 있는 랜드마크라고 할 수 있다. 마을의 젖줄인 다트 강변에서 시작해 오르막길로 된 이 길은 자연스럽게 이스트 게이트로 사람들을 이끌고 있다. 아치문을 통과하자 거리의 이름이 하이 스트리트로 바뀌었다. 거리의 작은 박물관과 상점들이 양쪽으로 늘어선 가운데, 길은 토트네스 성으로 이어졌다.

토트네스는 오래 전 브리튼 건국신화를 보면 트로이의 브루투스가 배를 타고 도착한 곳이다. 브루투스는 거인들을 물리치고 내륙으로 진출해 오늘날 템스 강변에 런던이라는 도시를 건설했는데, 이것이 바로 브리튼 왕국이다. 먼 신화의 이야기가 오늘날 이곳에서 시작되었다니 새삼 흥미로운 대목이었다. 이를 알려주는 '브루투스의 돌Brutus Stone'이 메인 거리에 있다.

토트네스 성의 역사는 10세기 경 노르만의 정복왕 윌리엄이 잉글랜드를 차지하면서 부관인 유헬Juhel에게 봉건 남작을 수여했는데, 그가 토트네스에 성을 세웠다는 기록이 전해진다. 당시에는 목조요새였다고 하는데 지금은 석조로 지어진 원형 모양이다. 잘 보존된 성은 1984년 영국의 문화유산English Heritage으로 지정되어 오늘날 토트네스의 랜드마크가 되었다.

토트네스 성에 올라 구 시가지를 바라보니 마을이 한눈에 들어왔다. 다트 강이 흘러가는 모습이 파노라마로 펼쳐졌다. 토트네스Totnes라는 이름은 인명인 '토타Totta'와 곶을 의미하는 '네스ness'의 합성어이다. 안내 책자에도 보면 마을의 모습을 배 모양이라고 설명하고 있는데, 저지대는 대부분 늪이나 갯벌이었다. 오늘날 마을의 모습은 간척과 개발로 이루어진 것이다. 토트네스 마을의 북동쪽을 가로지르며 흐르는 다트 강은 데본 지역의 주요 강으로, 다트무어 국립공원Dartmoor National Park에서 발원하여 대서양으로 흘러간다. 토트네스 구시가지에서 대서양까지 불과 8km 떨어져 있어 선박이 운행되고 있고 관광 시기에는 크

루즈까지 들어온다고 한다. 도시 곳곳에도 다트 강으로 합류되는 물줄기가 많이 흐르고 있어 비드웰 브룩Bidwell Brook, 몰트 밀 호수Malt Mill Lake 등 중요한 생태계를 이루고 있다.

토트네스의 지형과 위치는 12세기부터 시장 도시로 발달하는데 크게 도움이 되었다. 다트 강에서 대서양으로의 접근이 용이하고, 잉글랜드 남서부의 주요 도로에도 가까웠기 때문이다. 특히 양모 무역이 성행하여 16세기에는 부유한 도시로 기록이 남아 있을 정도이다. 토트네스 성을 내려와 광장으로 향하다 보니, 시민회관 근처에 버터워크Butterwalk라는 아케이드 보도가 보였다. 양모 무역이 발달해 판매하는 낙농 제품을 보호하기 위해 지어진 것이다. 주변에는 부유한 상인들이 살았다는 건물들도 눈에 띄었다. 이러한 건축물들이 오늘날 구시가지의 풍경에 담겨 있었다. 광장 아래의 세인트 메리 성당에 들른 후 16세기의 길드홀Guildhall에 가 보았다. 지금은 박물관으로 사용되고 있어 관람할 수 있었다. 11세기에 세워진 베네딕트회 수도원 건물을 길드홀로 사용하도록 허용했다고 하니 얼마나 상업적으로 부흥했는지 알 수 있었다. 19세기에 접어들자 토트네스 지역은 상업에 이용되던 선박의 운행이 줄어들기 시작하면서 지역 기업들이 대부분 파산하고 쇠락을 맞았다. 이후 마을은 시골의 작은 휴양지로만 남게 되었다.

1990년대 초에 이르러 토트네스에 슈마허 칼리지가 설립되었다. 이미 반세기 전에 화석연료와 글로벌 경제 시스템의 문제를 비판한 슈마허의 사상을 이어받은 생태학 교육기관이다. 제임스 러브록의 첫 강연 후 수많은 학자와 지성인들이 생태학을 공부하기 위해 모인 전 세계 학생들을 가르쳤다. 그리고 2006년에는 토트네스가 전환마을을 선언했다. 전환운동은 에너지 위기와 기후위기를 극복하고 지역의 회복력을 갖추기 위한 운동으로, 빠른 시간에 전 세계로 퍼져나갔다. 토트네스는 슈마허의 사상, 퍼머컬쳐, 로컬 경제, 지역의 회복력 등에 대한 연구와 실험을 계속하는 지역으로 주목받았다.

우리는 토트네스 성을 내려와 세인트 메리 성당, 옛 길드홀까지 두루 돌아본 뒤, 마치 옛 시대와 현재를 이어주는 듯한 이스트게이트를 통과해 내려왔다. 구 시가지에 남아있는 역사적 풍경을 뒤로 하고 우리는 이제 토트네스의 새로운 역사 속으로 들어가려고 한다. 다팅턴 트러스트, 슈마허 칼리지, 토트네스 전환마을이 연대를 통해 지역의 회복력과 마을 재생운동을 펼쳐나가는 모습을 찾아 나섰다.

라빈드라나트 타고르

에른스트 슈마허

비노바 바베

다팅턴 트러스트를 설립한 엘름허스트 부부

슈마허 칼리지를 설립한 사티쉬 쿠마르

토트네스 전환마을을 설립한 롭 홉킨스

인도의 시인 타고르와 영국의 엘름허스트!
마을을 중심으로 자립심을 키우기 위해
농업연구소와 협동조합, 농민은행, 수공예시장, 대안학교를 세워
자연과 호흡하며 열린 교육을 시도했던 스승과 제자.
그들의 마을 재생운동과 지역 재건운동의 이야기를 만나러 간다.

2장 다팅턴 트러스트

1 다팅턴을 발견하다

2 시인 타고르의 마을 재생운동
    - 샨티니케탄의 농촌 재건운동
    - 스리니케탄의 도전과 실험
    - 마을의 자생력

3 엘름허스트의 다팅턴 홀 실험
    - 엘름허스트의 지역 재건사업
    - 실험의 시작, 농촌 재건사업
    - 실험의 주력, 상업과 사회적 기업
    - 실험의 비전, 진보적인 교육

4 다팅턴 트러스트
    - 다팅턴 트러스트의 설립
    - 다팅턴 트러스트의 현재

다팅턴 홀의 웨스트윙 건물 모습

다팅턴 그레이트 홀의 모습

다팅턴 홀 아치형 입구

헛간을 개조한 반 시네마

엘름허스트와 타고르가 함께 있는 모습 ⓒ

엘름허스트 부부의 모습과 다팅턴 홀의 역사를 설명한 안내문

그린테이블 카페의 모습

다팅턴 부지에 있는 산책로

다팅턴 숍에 있는 옛 사이더 프레스 센터

비드웰 브룩 강줄기

"우리가 한 마을이라도 무력함과 무지의 족쇄에서 해방시킬 수 있다면
인도 전체에 대한 이상이 확립될 것입니다.
이렇게 몇 개의 마을을 재건해 보십시오.
나는 그들을 '나의 인도'라고 부를 것입니다.
그것이 진정한 인도를 발견하는 방법입니다."

- 라빈드라나트 타고르

1 다팅턴을 발견하다

토트네스의 다팅턴 교구에 있는 마을에 숙소를 구하고 나서 주인이 픽업하러 오겠다고 했지만 낯선 길을 찾아가 보기로 했다. 구시가지에서 조금 떨어진 곳이라 토트네스 다리Totnes Bridge 근처에 있는 버스 정류장에서 로컬 버스를 탔다. 주민들에게 가는 길을 가르쳐달라고 미리 부탁했다. 버스는 다트 강으로 합류되는 비드웰 브룩 강을 따라 천천히 달렸다. 그러다 갑자기 버스 안에 있던 분들이 일제히 우리를 돌아보며 소리쳤다.

"세인트 메리 성당 앞이야."

우리가 내려야 할 정류장의 이름이 다팅턴 교구 성당이라 다행이었다. 다팅턴은 행정구역으로는 토트네스에 포함되지만 교구는 달라진다.[3] 그래서 토트네스의 구시가지 중심에도 유서깊은 세인트 메리 성

---

3 행정구역상으로 토트네스 안에는 여러 교구로 나누어져 있는데, '토트네스 전환마을'을 지칭할 때는 구시가지 중심의 교구를 말한다. 하지만 전환 커뮤니티는 행정구역 전체에서 활동하고 있다.

당이 있지만 이곳에도 마리아를 모시는 성당이 있는 것이다. 성당 앞에 우리를 내려놓고 버스는 다트무어 국립공원이 있는 북쪽을 향해 유유히 떠났다.

사거리에서 성당이 있는 동쪽으로 가게 되면 슈마허 칼리지가 있는데 우리는 먼저 숙소가 있는 마을로 가기 위해 맞은편으로 걸어갔다. 멀리 하늘과 땅 사이에는 초원만이 유려한 곡선을 이루고 있고 차갑지만 맑은 공기가 맴돌고 있는 마을이었다. 돌로 지은 집들과 농사를 짓는 밭들이 드문드문 보였다. 어느 집 앞마당에는 여러 종류의 사과를 나무상자에 담아놓고 '가져 가세요.'라고 붙여 놓았다. 좁은 외길에서 자동차가 나오는 바람에 한쪽에 비켜 있었더니, 노부부가 창밖으로 얼굴을 내밀고 고맙다는 인사를 했다. 우리가 동네 주민이 된 것 같아 마을에 정감이 생겼다.

숙소에 도착하니 집 앞까지 찾아온 동양인이 신기한 듯 주인은 웃으며 환영해 주었다. 우리가 묵을 이층 방으로 올라가니 창문 밖으로 버드나무가 줄지어 서 있었다. 차 한 잔을 마시며 새벽부터 움직이느라 쌓인 피곤함을 내려놓았다. 그동안 런던의 번잡한 생활에서 벗어나 자연과 가까이 있는 마을에 오니 낯설기보다 오히려 편안한 집에 돌아온 듯했다.

다음날 아침 안개 낀 마을을 걸어 세인트 메리 성당으로 나갔다. 북쪽의 노스우드와 남쪽의 다트 강을 감싸고 여러 갈래로 산책로가 조성되어 있었다. 우리는 다팅턴 지역을 새로 알게 되면서 슈마허 칼리지, 토트네스 전환마을과 함께 탐방의 지역을 좀 더 넓혔다. 그리고 이를 통해 한 인물을 만나게 되었다. 바로 《기탄잘리》로 노벨문학상을 받은 인도의 시인 라빈드라나트 타고르였다. 사티쉬 쿠마르도 처음 다팅턴에 왔을 때 이곳이 타고르의 정신을 이어받은 실험의 보고라는 말을 듣고 깜짝 놀랐다고 한다.

인도의 시인 타고르는 어떻게 영국의 다팅턴과 이어져 있는 것일까. 오늘날 다팅턴 트러스트로 남은 '다팅턴 홀 실험'은 무엇일까. 끝없이 이어지는 궁금증을 풀기 위해 마치 고고학자처럼 타고르와 이 지역의 연결고리에 대해 알아 보았다.

제일 먼저 다팅턴이 처음 역사적 기록에 나타난 것은 언제일까. 노르만이 다스리던 시기인 833년에는 다팅턴이 부유한 정착촌으로 나와 있다. 지역의 중심에 있는 기념비적인 건출물 다팅턴 홀은 1대 엑서터 공작인 존 홀랜드John Holland에 의해 설계되어 1388년부터 건축되기 시작했고 오랫동안 홀랜드 가문이 소유하고 있었다. 1559년에는 엘리자베스 1세 휘하의 해군 중장인 챔퍼노운Arthur Champernowne 경이 다팅턴 홀을 구입했고 가문은 300여 년 간 이곳에서 살았다. 그러다 영국 농촌에 불어 닥친 불황으로 가문은 다팅턴 홀과 부지를 내놓았다. 하지만 한동안 거주하거나 돌보는 이가 없어 오랫동안 방치되어 있었다.

다팅턴 홀 부지의 800에이커가 부동산으로 나왔다는 소식을 들은 한 젊은 부부가 이 땅을 매입했다. 바로 엘름허스트 부부였다. 그들은 마을의 집들을 수리하고 개울물을 끌어왔으며 작은 학교도 세웠다. 20세기 초반 엘름허스트 부부가 '다팅턴 실험'이라고 부른 이 운동으로 다팅턴은 세상에 널리 알려지게 되었다.

> "여기서 아내와 내가 스승 타고르의 샨티니케탄과 스리니케탄과 다르지 않은 다양한 교육, 연구, 상업 등을 시도해 봅니다."[4]

엘름허스트 부부는 당시 영국의 식민지였던 인도의 시인 타고르를 스승으로 삼으며 그에게서 배운 마을 재건운동을 다팅턴 지역에서 실현해보고 싶다는 꿈을 가졌다. 그들이 농촌마을의 부흥을 위해 노력하고, 이후 다팅턴 트러스트를 설립한 역사는 오늘날까지 다팅턴 지역에 담겨있다. 엘름허스트 부부가 세상을 떠난 후에도 다팅턴 트러스트는 엘름허스트의 도전과 실험 정신을 이어받아 지역을 위해 대안적이고 혁신적인 사회운동을 펼쳐 나갔다. 이러한 역사를 살펴보기 위해 먼저 타고르의 마을 재건운동이 있었던 19세기말 인도로 돌아가 보자.

---

[4] 다팅턴 홀 트러스트 아카이브. https://www.dartington.org/about/our-history/archive/

2 시인 타고르의 마을 재생운동

샨티니케탄의 농촌 재건운동

인도 서벵골 볼푸르Bolpur에는 샨티니케탄Shantiniketan이 있다. '평화를 위한 거처'라는 뜻의 이 마을에는 차팀나무 주변으로 명상과 교육을 위한 공동체가 마련되어 있다. 이곳을 설립한 사람은 인도의 시인 타고르의 아버지 데벤드라나트 타고르이다.

데벤드라나트 타고르Debendranath Tagore는 인도의 철학자, 사상가, 종교 개혁자로 벵골 르네상스를 주도했던 인물 중 한 사람이다. '벵골 르네상스Bengali Renaissance'는 18세기 후반부터 20세기에 걸쳐 일어난 사회, 문화, 예술 분야의 부흥운동이다. 이는 영국령 식민시 벵골에서 반식민지운동, 민족주의 운동으로 발전했다. 영국식 교육의 반대, 종교 개혁, 카스트 제도 반대 등으로 이어진 운동은 근대 인도로 나아가는 데 중요한 역할을 하였다. 식민지 인도의 민족운동과 근대적 계몽운동의 흐름 속에서 샨티니케탄은 가난하고 황폐해진 농촌마을을 살리기 위해 노력했다. 시인 타고르도 샨티니케탄에서 아버지의 마을 재건운동을 도우며 인본주의자로, 교육자로, 개혁자로 성장했다.

당시 영국의 식민지 하에서 인도의 마을은 빈곤과 무지에서 벗어나지 못했다. 질병으로 건강상태도 좋지 않았고 비생산적인 농업방식으로 먹을거리를 해결할 수 없었다. 이렇게 방치된 마을들을 본 타고르는 인도의 독립은 각 마을의 자립에서 시작된다고 확신했다. 농촌마을을 일으키기 위해 타고르가 시작한 것은 우선 마을이 가진 문제점을 파악하고 그 지역에 맞는 계획을 세우는 것이었다. 또한 자신과 몇몇 사람들이 주도하는 운동이 아니라 주민들이 중심이 되어 스스로 마을을 일으키고 개선할 수 있도록 했다. 또한 주민들에게는 서로 협동하고 단결해야 빈곤과 무지에서 벗어날 수 있다고 강조했다. 이러한 생각은 《스와데시 사마즈 Swadeshi Samaj》라는 에세이에 담겨있다. 이 책에서 시인 타고르는 식민지 인도의 독립은 농촌마을과 주민들의 자립에 있다고 말했다.

타고르는 아버지를 도우며 농촌 재건운동에 점점 더 확신을 갖게 되었다. 그는 한 마을을 모델로 자급자족할 수 있도록 사회운동을 펼쳐나갔다. 농업, 교육, 가내수공업, 협동조합 등 농촌마을의 전체적인 개발을 목표로 삼았다. 소규모 학교와 마을 병원 등의 공공시설을 마련하는 한편 농촌 은행도 개설하였다.[5] 또 경작을 위한 트랙터, 탈곡기 등의 현대적인 농기계와 가내수공업을 위한 시설도 마련하였다.

---

5 당시 농촌이 가난에서 벗어나지 못하는 가장 큰 이유 중 하나로 동 벵골에서 고리대금업의 횡포가 극심했기 때문이다.

무엇보다 타고르는 교육의 필요성을 강조했다. 1901년 샨티니케탄에는 남녀공학의 열린 교육체계를 갖춘 작은 학교가 설립되었다. 이 학교는 당시 영국식 교육에 반대하는 진보적인 교육방식을 시도했다. 교실이 아닌 열린 정원에서 수업하고, 교사와 학생 수가 같으며, 예술과 노동의 구분이 없었다. 이 학교는 비스바 바라티 Visva Bharati 국립대학이 되어 오늘까지 이어져 내려오고 있다.

1905년 아버지가 세상을 떠난 후 타고르는 샨티니케탄의 농촌 재건 운동을 이어받았다. 그리고 1913년 《기탄잘리》로 노벨 문학상을 받았다. 이때 받은 상금도 농촌은행 등 여러 프로그램을 위해 투자하는 등 열성을 다했다. 그럼에도 인도 마을의 자립과 복지사회에 대한 고민은 갈수록 더해갔다. 그는 인도의 독립을 정치적인 면에서 해결하려는 입장보다 사회운동으로 이룰 수 있다고 믿고, 1920년 미국을 비롯해 여러 곳을 여행하며 대안을 모색했다. 그러던 중 뉴욕에서 농업 경제학을 공부하고 있던 한 영국 청년을 만나 농업에 대한 지식과 열정을 나누었다. 그후 타고르의 초대로 샨티니케탄에 오게 된 청년은 새로운 도전을 함께 시작했고 샨티니케탄의 쌍둥이 마을이라 할 수 있는 스리니케탄에 농촌 재건 연구소를 설립했다. 그가 바로 레오나드 엘름허스트 Leonard Knight Elmhirst였다.

스리니케탄의 도전과 실험

1921년 타고르는 '풍요로운 거처'라는 뜻의 스리니케탄Sriniketan에 자신의 이상을 불어넣기 시작했다. 샨티니케탄과 마찬가지로 빈곤에 시달리는 농촌마을을 재건하기 위함이었다. 샨티니케탄에서 시작했던 농촌 재건운동과 대안교육 등을 그대로 이어받았을 뿐 아니라 마을의 자생력을 키우기 위한 새로운 도전과 실험을 더해갔다.

다음 해 인도에 온 엘름허스트는 스리니케탄에 농촌 재건 연구소Palli Samgathana Vibhag를 세우고 소장을 맡으면서 타고르의 재건운동을 적극적으로 도왔다. 이후 농업 과학 연구소Palli Siksha Bhavana도 설립하였다. 그가 스리니케탄에서 활동한 내용들을 자세히 기록한 《시인과 농부Poet and Plowman》[6]는 마을에서 이루어진 혁신적인 시도와 실험에 대한 내용이 담겨 있다. 예술과 문화, 자연과 영성, 농촌 재건과 교육내용 등이 책에 실려 있다.

그 내용을 살펴보면 마을에 도로와 배수로를 만들고, 농경지에 물을 대는 관개 시스템을 들여왔다. 토양과 기후에 맞는 씨앗과 거름을 연구하여 농사에 소득을 올릴 수 있도록 했는데, 다양한 작물과 개량된 재배방법은 농촌마을을 활성화시켰다. 이러한 농사기술은 비스바 바라티 대학, 샨티니케탄과 스리니케탄 주변의 여러 마을에도 전수되

---

6 레오나드 엘름허스트, 〈시인과 농부(Poet and Plowman)〉, 비스바 바라티 국립대학교 출판부(Visva-Bharati Publishing Department, Shantiniketan), 1975년 9월

었다.[7] 농촌 재건 연구소는 민주적으로 조직되어 농부와 노동자들이 맡아 일할 수 있도록 운영했다. 농민들과 상인들은 마을의 문제를 찾아 파악하면서 스스로 시장을 열고 협동조합도 세웠다. 협동조합을 통해 마을 주민들은 건강과 교육, 농업 및 상업 등 여러 프로그램을 진행했고, 여기에는 곡물 은행, 교육시설, 환경 보호 등도 포함되어 있었다. 마을은 점차 자립할 수 있는 경제 시스템을 갖춰 나갔다.

타고르는 스리니케탄에서 서양식 교육과 전통교육의 장점을 결합한 이상적인 교육방식을 실험해 나가고 있었다. 주변 마을에서 교육의 기회를 얻지 못한 아이들을 위해 비정규 학교$^{Siksha\ Satra}$를 만들고[8] 교사를 양성하기 위한 학교$^{Siksha\ Charcha}$도 설립하였다. 그가 쓴 《시인의 학교》에는 농촌마을에 비정규 학교가 필요하다는 내용이 적혀있고 이후 인도 교육 정책에도 반영되었다.

타고르는 이러한 새로운 시도를 통해 마을 재생운동이 완벽하게 구현될 수 있도록 노력했다. 마을의 전통과 수공업을 살리는 한편 현대적이고 과학적인 기술도 수용했다. 이러한 면은 당시로서는 상당히 선구적이고 진보적이었다.

---

[7] 〈인도의 농촌 재건: 라빈드라나트 타고르의 관점〉, Kumkum Chattopadhyay, Bethune College, 콜카타, 인디아
[8] 정확하게는 샨티니케탄에서 먼저 만들어졌으며 이후 스리니케탄으로 옮겨졌다.

마을의 자생력

"우리가 한 마을이라도 무력함과 무지의 족쇄에서 벗어난다면 인도 전체에 우리의 이상이 확립될 것입니다. (…) 이런 식으로 몇 개의 마을을 재건하십시오. 그리고 나는 그들을 '나의 인도'라고 말할 것입니다. 그것이 진정한 인도를 발견하는 방법입니다."[9]

타고르는 서구 사회가 전파한 사유재산과 개인주의에 대한 사고방식이 인도 전통사회를 해체하고 해악을 가져왔다고 생각했다. 마을 간의 소통이 단절되고, 도시와 농촌의 격차가 더욱 커지며, 종교와 민족의 갈등이 깊어지는 등 인도 내부의 사회문제도 심각하다고 진단했다. 이러한 위기 상황에서 그가 샨티니케탄과 스리니케탄에서 추구한 것은 서구의 영향이 미치기 이전 인도의 민족문화, 전통문화를 부활시켜 민족적 자긍심을 키워나가는 것이었다. 하지만 그는 올곧이 전통적인 것만을 고집하지도, 국수적인 입장만 취하지도 않았다. 국적이나 민족, 종교에 대해 편견이 없었고 대안적인 아이디어라면 모두 받아들였다. 그는 아인슈타인을 비롯해 앙리 베르그송, 예이츠, 버나드 쇼 등 세계의 사상가들과 교류했으며, 진보적이고 지속성을 지닌 사회와 환경을 만들어 나가기 위해 노력했다.

타고르가 생각한 마을 재생운동은 빈곤과 차별이 만연한 농촌마을

---

9 우마 다스 굽타(Uma Das Gupta), 《A History of Sriniketan: Rabindranath Tagore》, Niyogi Books, 2022

이 스스로 문제를 해결해 나갈 수 있는 자생력을 갖추는 일이었다. 그래서 소규모로 활동하되 마을 주민들이 모두 참여해야 하고 모든 활동은 마을 안에서 이루어지도록 했다. 먼저 다섯 마을 정도가 목표를 실현한다면, 그곳을 모델로 점점 더 많은 마을로, 그리고 인도 전체가 자립할 수 있다는 확신이 있었다. 1921년 여섯 개의 마을에서 시작한 프로젝트는 10년 동안 스물 두 개의 마을로 늘어났다. 이것이 타고르가 당시 인도를 살리고 인류 전체의 복지를 위해 생각한 방법이었다.

3 엘름허스트의 다팅턴 홀 실험

엘름허스트의 지역 재건사업

 이른 아침 세인트 메리 성당을 찾아갔다. 처음 버스를 타고 다팅턴에 내렸던 도로에서 남쪽으로 내려가면 비드웰 브룩 강을 따라 토트네스 구 시가지로 이어진다. 성당에서 북동쪽으로는 산림지대인 노스우드와 다트 강의 물줄기가 펼쳐져 있다. 이 주위의 일대가 다팅턴 홀 실험이 이루어졌던 다팅턴 부지Dartington estate이다.

 인도의 스리니케탄에서 마을 재건운동을 위해 농촌 경제 연구소를 맡아 일하던 엘름허스트는 농업과 문화를 배우고 체험하기 위해 타고르와 함께 중국, 일본, 남미 등을 함께 여행했다. 그리고 1925년 그는 영국으로 돌아왔다. 인도에서처럼 마을을 되살리고 지역 공동체가 회복할 수 있도록 돕기 위해서였다. 시인 타고르의 샨티니케탄과 스리니케탄이 그들에게 새로운 꿈을 촉발시킨 것이다.

 엘름허스트가 영국으로 돌아왔을 때 데본 주의 상황은 인도와 다를 바 없었다. 1920년대 1차 세계대전의 여파와 경기침체로 영국은 불황에 빠졌고 실업률도 최대로 치솟았다. 19세기까지 다트 강을 중심으로 성행하던 무역과 상업은 쇠퇴하였고, 흉작으로 농업도 위기에 빠졌다. 많은 농부들은 농지를 팔거나 마을을 떠났고, 가난을 견디다 못해 도시 노동자가 되었다. 이것이 산업 중심으로 발전하던 영국의 실정이었다.

그 무렵 400여 년간 다팅턴 홀 부지를 소유했던 챔퍼노운 가문도 1차 세계 대전의 여파와 장기간의 불황으로 토지와 재산을 매각해야겠다는 결정을 내렸다. 그렇게 두 개의 농장과 광대한 삼림 지대로 이루어진 다팅턴 홀 부지가 엘름허스트 부부의 소유가 되었다. 1925년 엘름허스트 부부는 황폐화되고 인구도 바닥난 다팅턴 지역에 정착해 마을을 되살리기 위한 재건운동을 시작했다. 그들은 올드 포스턴에 머물면서 대대적으로 다팅턴 그레이트 홀의 수리와 복원에 들어갔다. 영국 고딕양식의 전형적인 건축물은 이때의 복원으로 1등급 문화유산으로 남게 되었다.[10] 그리고 다팅턴 홀의 수리가 끝날 무렵 마을에 물을 끌어오고 농장을 개간하는 일을 시작했다. 이를 '다팅턴 실험 Dartington Experiment'이라고 불렀다.

---

10 스코틀랜드 출신의 건축가 윌리엄 위어(William Weir)가 처음 다팅턴 홀에 도착했을 때는 지붕에 대한 도면도 없는 상태였다. 챔퍼노운 경이 소유하고 있던 1814년 무렵 그레이트 홀의 천정이 무너져 내려 철거되었기 때문이다. 윌리엄 위어가 해머 빔 지붕을 완성할 수 있었던 것은 〈고대 건축물 보호 협회〉에서 활동하던 운동가로서 문화유산을 있는 그대로 보존하려는 정신이 깃들어 있었기 때문이었다.

타고르는 엘름허스트에게 쓴 편지[11]에서 샨티니케탄과 스리니케탄이 많은 영감을 주기를 바라며, 엘름허스트가 시작하려는 재건사업도 이웃과 마을을 중심으로 작게 시작하고, 서로에게 도움을 주며, 새로운 질서를 찾아나간다면 잘 진행될 수 있을 거라고 격려했다.

---

11 시인 타고르에게 쓴 엘름허스트의 편지는 샨티니케탄 아카이브에 보관되어 있고 시인 타고르가 엘름허스트에게 쓴 편지는 다팅턴 홀 아카이브에 보관되어 있다.

실험의 시작, 농촌 재건사업

가장 먼저 농촌 재건을 위해 농업, 임업, 혼합낙농업에 주력했다. 1926년에는 삼림지대와 농지를 더 구입했는데, 주된 농장으로는 슈마허 칼리지가 있는 올드 파사나지 농장old parsonage farm과 바톤 농장Barton farm이었다. 그리고 농업이 가장 발달했던 덴마크에서 크리스탄 니엘슨Christan Nielsen을 초빙해 당시로서는 매우 혁신적인 농업 관행을 도입했다. 기계가 들어갈 수 있도록 경사진 땅을 평평하게 다졌고 드넓은 밭을 만들었다. 윤작을 시도하고 낙농과 경작이 결합된 현대적인 농업 방식을 시도했다. 낙농업 분야에서는 영국 최초로 새 품종인 프레시안friesian이 들어왔고 1935년까지 착유 젖소를 길렀다.

후임자로 온 프랭크 쿡Frank Cook은 올드 파사나지 농장과 바톤 농장까지 모두 맡아서 낙농사업을 시도했다. 때마침 우유 시장이 확대되어 소매와 도매 판매를 겸하면서 사업은 날로 번창했다. 1928년 낙농장의 우유 생산으로 인한 수익은 엘름허스트 사업의 절반을 차지할 정도였다고 한다.[12] 이러한 다팅턴의 낙농업은 모델이 되어 영국 사회에 큰 영향을 끼쳤다. 품종 개량과 소의 인공수정, 인증받은 소에서 생산된 우유만 유통 판매하는 등 당시에는 처음 도입되는 새로운 방식들이 많았다.

---

12 다팅턴 트러스트의 〈인물탐구를 통한 역사〉에서 '크리스탄 니엘슨과 프랭크 쿡' 편.

이전 소유자였던 챔퍼노운 경이 임업에 주력한 덕분에 엘름허스트는 이주 초기 때부터 풍부한 목재로 주택과 건물들을 수리할 수 있었다. 또 마을이 활기를 띠자 인구가 유입되면서 건축업이 발달했고 이를 위해 제재소와 장작소 등이 세워졌다. 잇따라 노동자들의 가족을 위해 보육원도 곳곳에 세웠다.[13] 이후 엘름허스트가 왕립 임업학회 회장직을 맡으면서 임업은 더욱 활성화되었다. 이때 초빙된 윌프레드 힐리Wilfred Hiley는 숲의 연구와 복원에 힘썼고, 삼림 회사는 활기를 띠어 갔다.

13　다팅턴 트러스트의 〈인물탐구를 통한 역사〉에서 '윌프레드 힐리' 편.

실험의 주력, 상업과 사회적 기업

우리는 세인트 메리 성당에서 남쪽으로 비드웰 브룩bidwell brook 물줄기를 따라 교차로까지 걸어 내려갔다. 시너스 브릿지Shinners Bridge 주변의 마을과 상점에도 다팅턴 홀 프로젝트와 관련된 이야기들이 남아있었다. 먼저 작은 언덕 위에 있는 다팅턴 숍으로 올라가 보니 입구에 노란 스쿨버스가 서 있었다. 다팅턴 숍은 도시에 있는 것처럼 큰 빌딩 안에 있는 쇼핑센터가 아니라 옛 마을부지에 상점들이 장터처럼 모여 있는 모습이었다. 오솔길을 걸으며 목조건물에 들어선 갤러리, 수공예품 상점, 카페 등을 돌아보았다. 현재 다팅턴 숍에는 14개의 상점과 카페, 레스토랑, 농장 건물들이 포함되어 있다. 다팅턴 트러스트가 운영하는 크리스털 제품 상점에는 사람들이 꽤 많이 모여 있었다. 갤러리에 들어가 지역의 예술가와 레지던스 프로그램에 참여한 예술가들의 그림도 감상했다. 유서깊은 아치형의 돌다리와 제법 수량이 풍부한 작은 개울을 지나자 '리스토어Restore'라고 쓰인 간판이 보였다. 가구를 수리하거나 새롭게 디자인하는 이 상점은 꽤 인기가 높았다.

다팅턴 숍들은 크리스마스를 준비하느라 분주했다. 특히 크리스마스 상품이 가득한 한 건물에 들어가 구경했는데, 옛 건물의 골격이 그대로 살아있는 상점이었다. 프레임과 계단, 천장이 모두 튼튼한 나무로 되어 있었다. 호기심에 건물 안쪽으로 더 들어가 보니 고풍스러운 나무계단 위로 작은 팻말이 눈에 들어왔다.

"다팅턴 사이더 프레스 센터"

　사이더 프레스 센터$^{Cider\ Press\ Center}$는 1926년 다팅턴으로 온 로저 모렐 $^{Roser\ Morel}$에 의해 시작되었다. 그는 다팅턴 과수원 부서에서 일하다가 이 시너스 브릿지 농장에서 사과를 생산하기 시작했다. 해외 여러 곳의 농장을 견학하고 공부한 결과, 저온 살균 압착 사과 주스를 생산하는데 성공했다. 다팅턴에는 영국 최초로 고압 저온 저장 탱크가 들어섰다.[14] 생산과 판매는 순조로웠고 1941년 다팅턴 과수원 회사$^{Dartington\ Orchard\ Ltd.}$가 설립되었다. 영국 최초로 사과 주스 생산에 주력했던 이곳은 역사적인 이름을 담아 여전히 '사이더 프레스 센터'로 불리고 있다.

　다팅턴 숍은 이전 다팅턴 소매점$^{Dartington\ Retail\ Shops}$이었다. 이 소매점은 1930년 '장인들의 스튜디오$^{Craftsmen's\ Studio}$'라는 이름으로 시작되었는데, 장인들이 손수 만든 가구들과 지역 공예품들을 팔았다. 당시 건축가 렉스 가드너$^{Rex\ Gardner}$가 주위 파빌리온의 자재들을 모아 공예 스튜디오를 만들면서 점차 지역 장인들이 합류하였다. 타고르의 마을 재생운동처럼 실업 상태였던 마을 사람들을 교육하면서 장인들을 길러냈다. 역시 예술과 공예품의 구분이 없었다. 지식과 기술을 나누며 숙련된 장인들의 솜씨 덕분에 오늘날 이 지역의 대표적인 다팅턴 크리스털은 널리 알려졌다.

14　다팅턴 트러스트의 홈페이지의 인물 탐구를 통한 역사 부분에서 '로저 모렐'과 '사이더 프레스 센터'

실험의 비전, 진보적인 교육

다팅턴 숍을 둘러 본 후 북쪽 기슭으로 올라가 다팅턴 홀로 이어지는 산책로에 들어섰다. 캠핑장, 커뮤니티 가든 등이 목초지 사이로 보였다. 그중에는 초기 다팅턴 홀 스쿨이 있던 폭스홀도 보였다. 1926년에 설립한 다팅턴 홀 스쿨Dartington Hall School은 진보적인 학교였다. 당시로서는 보기 드물게 남녀공학이었고 교복과 체벌도 없는 자유로운 학교였다. 또 학생들이 커리큘럼을 만들어 배우고 싶은 과목을 정하도록 하는 교육 체제를 갖추었다. 현장 실습교육에는 지역의 삼림 관리인, 농부, 장인들이 와서 가르쳤으며 공예기술과 생태교육을 접목한 과목도 개설하였다.

스승 타고르와 마찬가지로 엘름허스트도 대안교육에 주력했다. 한 사람 한 사람이 가지고 있는 재능을 드러내고, 창조적이고 전인적인 인간으로 성장하기 위해서는 새로운 방식의 학교가 필요하다고 생각했다. 학교에는 당대 세계 최고의 교사들이 초빙되었는데 화가 마크 토비, 안톤 체호프의 조카이자 배우와 작가로 활동하던 마이클 체호프, 20세기 도예가 버나드 리치, 영국의 작곡가 이모겐 홀스트 등이 다팅턴 홀에서 학생들을 가르쳤다. 이들 외에도 국제적인 예술가들이 와서 자유로운 교수법으로 가르쳤고 다팅턴 홀은 종합 예술 교육의 중심지로 거듭났다. 1962년에는 다팅턴 예술 대학Dartington College of Arts도 설립되었다. 초대 교장인 피터 콕스[15]가 부임한 후로는 인도 샨티니케탄에 있는 비스바 바라티Visva Bharati 국립대학과 교류하며 예술교육에 주력했다.

오늘날까지 이어져 내려오는 또 하나의 역사적인 학교가 있다. 음악교육과 페스티벌로 진행되고 있는 다팅턴 뮤직 썸머 스쿨과 페스티벌 Dartington Music Summer School & Festival이다.[16] 당시 이 여름 음악학교에는 세계적으로 저명한 음악가들이 모였다. 역대 음악학교를 빛내고 예술을 꽃피운 음악가로는 바로크 음악을 연주하는 아마데우스 콰르텟The Amadeus Quartet, 세인트 마틴 인 더 필즈The Academy of St. Martin's, 피아니스트이자 지휘자인 다니엘 바렌보임Daniel Barenboim, 성악가 디트리히 피셔 디스카우Dietrich Fischer-Dieskau, 작곡가 이고르 스트라빈스키Igor Stravinsky 등이 있다. 4주간 열리는 여름학교는 초급자에서 고급 수준까지, 중세부터 현대에 이르기까지, 시대 악기에서 협주, 성악, 작곡 등에 이르기까지 다채롭게 펼쳐진다. 심도있는 음악교육이 이어지며, 연주회, 발표회, 페스티벌까지 함께 열리는 행사는 오늘날에도 매년 여름 개최되고 있다.

---

15 피터 콕스는 비스바 바라티의 인도문화와 음악과정 등을 다팅턴 홀에서 공연할 수 있도록 노력을 기울여 나갔다. 은퇴 후 그는 인도의 엘름허스트 연구소에서 일했다.
16 음악학교는 1948년 영국 남서부에 있는 브라이언스톤(Bryanston)에서 처음 시작되었다. 다팅턴 홀 예술 부서는 초기 때부터 음악학교와 페스티벌에 참여했다. 그러다가 1953년 다팅턴으로 옮겨왔고 오늘날까지 매년 여름 개최되고 있다.

4 다팅턴 트러스트

　다팅턴 홀로 가는 오솔길에는 입구 맞은편에 그린테이블The Green Table이 있다. 카페 겸 레스토랑인 그린테이블, 다팅턴 홀 안에 있는 레스토랑 하트Restaurant Hart, 숙소 시설과 컨퍼런스 센터 등은 모두 다팅턴 트러스트가 운영하는 곳이다. 그린테이블에 들어서니 마치 산장에 들어온 것처럼 고요하고 아늑했다. 이곳은 마을의 사랑방 역할을 하고 있는지 한편에 행사 포스터, 소식지 등이 잔뜩 붙어있었다. 지금은 무엇보다 크리스마스를 준비하는 모임이 제일 많았다. 먼저 다딩턴의 자랑인 착즙 사과주스를 한 잔 마셨는데 새콤하고 부드러운 사과의 맛이 좋았다. 런치타임이 되었는지 갑자기 주민들이 하나둘씩 들어오기 시작하더니 빈자리 하나 없이 가득 찼다. 주민들은 반갑게 만나 점심식사를 하며 즐겁게 때로는 진지하게 이야기를 나누었다. 우리도 세 가지 정도의 메뉴를 고르면 접시에 담아주는 스타일의 점심을 먹었다. 퀴노아 샐러드, 쿠스쿠스, 토마토소스 파스타, 수프와 빵 등 채식만으로 이루어진 메뉴는 다양하고 맛있었다. 그린테이블은 지역에서 생산한 재료로 매일 직접 요리하는 로컬푸드이자 유기농 채식 메뉴를 선

보이는 레스토랑이었다. 밖으로 나오니 곳곳에 행사를 알리는 현수막 사이로 사슴 조형물이 보였다. 그린테이블 뒤로 난 길을 따라 북쪽으로 올라가면 '사슴 공원Deer Park'으로 이어진다. 역시 다팅턴 트러스트가 운영하는 곳이다.

그린테이블 앞에는 다팅턴 홀의 아치문이 기다리고 있었다. 가운데 통로에서 왼쪽으로는 반 시네마가 있고 오른쪽으로는 작은 갤러리와 상점으로 갈 수 있었다. 반 시네마Barn Cinema는 이름 그대로 헛간을 개조해 독립영화나 예술영화를 상영하는 곳이다. 프로그램 상영표를 보니 영화가 빼곡하게 적혀 있고 현재 이슈가 되는 다큐멘터리 영화들을 감독과 함께 얘기 나누는 토크 프로그램도 안내되어 있었다. 안내 센터이자 상점에는 다팅턴과 관련된 예술작품, 문학작품, 강연집들이 진열되어 있었다. 무엇보다 벽에 커다랗게 붙어있는 엘름허스트 부부의 사진과 다팅턴의 역사를 설명하는 포스터가 눈에 띄었다.

다팅턴 홀의 아치문을 통과해 거대한 밤나무가 지키고 있는 안뜰에 들어섰다. 1등급 문화유산 등재건물인 그레이트 홀은 중세시대의 분위기를 풍기고 있었다. 다팅턴 홀은 가운데 뜰을 중심으로 네 방향으로 건물이 위치해 있는데 남서쪽에 있는 그레이트 홀은 숙소와 엘름허스트 센터 등이 있는 웨스트 윙과 이어져 있다. 각 방은 시인 타고르를 비롯해 혁신적인 사회운동가나 사상가, 예술가 등의 이름이 붙어있다. 우리가 지나온 아치문과 반 시네마가 있는 건물은 이스트 윙과 이어져 있었다. 그레이트 홀로 가는 작은 길을 걸어 안뜰의 눈부신 초록빛과 옛 중세건물을 돌아보았다. 웅장한 대성당처럼 보이는 건물은 오랜 역사를 말해주었다. 그레이트 홀 안으로 들어가니 뜻밖에도 주민들이 모여 모두 두 손을 잡고 웃음 가득한 얼굴로 워크숍을 열고 있었다. 그 사이에서 우리는 윌리엄 위어가 멋지게 복원한 해머 빔 천장과 트레이서리로 장식한 창문을 한참이나 구경하고 나왔다.

 그레이트 홀의 뒤뜰로 나오니 문화유산 2등급에 등재된 정원이 나왔다. 슈마허 칼리지의 원예와 생태학 프로그램을 학습하는 공간이기도 해서 둘러보았다. 미국의 저명한 베아트릭스 파랑Beatrix Farrand이 초대되어 엘름허스트와 아내 도로시가 정성을 들여 가꾼 정원이라고 한다. 메인 정원Tiltyard은 천 년 이상 이어온 곳으로 여러 식생들이 분포되어 있는 살아있는 식물박물관이었다. 그레이트 홀의 시간보다 더 오래된 자연 문화유산이었다. 예전에 몇 백 년 된 나무가 쓰러진 적이 있었다고 한다. 다팅턴 트러스트는 뉴스를 통해 이 나무가 헛되이 사라지지 않고 새 생명을 얻을 수 있도록 널리 알렸다.[17]

---

17 뉴스레터 이후 솔방울은 매년 크리스마스 때 사용하게 되었고 슈마허 칼리지에서는 탁자를 만들었으며 나무 조각품과 악기에도 사용되었다고 한다. 나머지는 슈마허 칼리지와 가까운 다팅턴 랜드웍스(Dartington LandWorks)에서 사용하도록 옮겨졌다. "Dartington Trust - Fallen Monterey Pine follow-up" 기사 참조

다팅턴 트러스트의 설립

1932년 다팅턴 트러스트가 설립되었다. 처음 다팅턴 홀 프로젝트를 시작할 때부터 엘름허스트 부부는 전적으로 개인의 자금에 재정을 의존하지 않기로 했다.[18] 독립적인 사업을 진행하기 위해 다팅턴 홀 기업Dartington Hall Ltd.과 다팅턴 트러스트Dartington Trust를 세웠고 재단 이사회가 관리하도록 했다. 하지만 세계대전의 여파로 다팅턴 지역 재건사업은 힘든 시기를 보내야 했다. 다팅턴 트러스트의 재정이 바닥에 이르자 수익을 낼 수 없는 사업을 정리하고 수익 창출을 위한 사업에 매달렸다.

엘름허스트 부부가 진행했던 다팅턴 지역 재건사업은 그 가치와 한계에 대해 많은 엇갈린 의견이 오갔다. 시인 타고르와 엘름허스트를 중심으로 진보적인 교육과 농촌 재건사업에 대해서는 서로의 이상은 같았지만 현실은 달랐다고 보는 경향이 있다.[19] 두 사람은 식민지 시대와 세계대전으로부터 받은 영향, 인도와 영국이라는 상황, 그리고 인문학자와 경제학자라는 면에서 차이를 보인다고 설명했다. 한편 엘름

---

18 미국의 백만장자의 딸로 유산을 받은 도로시는 타고르의 스리니케탄을 비롯해 많은 자선단체를 지원하고 있었고 전 세계적으로 보존협회나 박물관 등을 세우기도 했다. 도로시의 일생과 다팅턴에서의 삶을 전기형식으로 발간한 Jane Brown의 《Angel Dorothy : How an American Progressive Came to Devon》

19 안나 네이마(Anna Neima)는 2021년에 《유토피언을 꿈꾼 사람들(The Utopians: Six Attempts to Build the Perfect Society)》을 출간하였다. 이 책에는 타고르의 샨티니케탄, 엘름허스트의 다팅턴 홀 등 유토피아를 꿈꾼 6명의 인물과 6개의 공동체를 다루고 있다. 2022년에는 다팅턴 홀의 실험에 대한 연구를 담은 책 《실용적인 유토피아(Practical Utopia: Many Lives of Dartington Hall)》도 출간하였다.

허스트의 지역 재건사업이 정책에 반영되어 지역을 위한 프로젝트라기보다 오히려 국가에 필요한 재건운동이었다는 평가도 있었다. 이는 2차 세계대전이 끝나자 영국 정부가 전쟁 복구를 위해 다팅턴 지역을 시찰했고 엘름허스트의 지역 재건사업에 대한 논문을 국가정책에 반영하였기 때문이다. 그런 면에서 엘름허스트가 시도한 운동이 글로벌 중심주의, 엘리트 중심주의라는 비판을 받았다. 이에 대해서는 당시 스승 타고르가 편지를 보내 엘름허스트에게 우려와 충고를 하는 듯한 내용도 찾아볼 수 있다. 지역 공동체를 운영하는 데 있어 구별하고 나누는 방식으로 진행하는 것은 완전하지 않으며 추구하는 이상에서 멀어질 수 있다는 내용이었다.

1965년 엘름허스트 부부가 세상을 떠났다. 그러자 사위인 모리스 애쉬가 다팅턴 트러스트의 의장을 이어받았다. 그는 엘름허스트가 다팅턴에서 꿈꾸었던 이상과 비전을 되살리기 위해 많은 노력을 했고, 1980년 다팅턴 트러스트를 자선단체로 변경했다. 이후 모리스 애쉬는 사티쉬 쿠마르, 존 레인과 함께 슈마허 칼리지를 공동 설립하였다.

다팅턴 트러스트의 현재

2015년 '다팅턴은 무엇이 될 수 있을까?'라는 공개회의를 열었다. 다팅턴 트러스트는 "더 지속가능하고 정의롭고 풍요로운 세상을 위해 새로운 사고와 행동을 해 나갈 것"이라고 발표했다.[20] 앞으로 다팅턴 홀이 무엇으로 사용되든지, 재단이 어떤 활동을 이어나가든지 예술과 생태 및 지역 사회를 위한 커뮤니티로서 도전과 실험을 계속해 나갈 것이라고 했다. 이렇게 엘름허스트 부부가 품었던 비전은 계속 이어질 것이다.

다팅턴 홀 부지에서는 여러 사업과 커뮤니티가 활발히 진행되고 있다. 다팅턴 트러스트가 보유하고 있는 토지 중 480에이커에 해당하는 토지가 지역 주민 및 외부에 임차되어 있다. 토지를 기반으로 하는 낙농업, 채소 할당텃밭 및 과수원, 가든 커뮤니티, 양봉장 등 20개 이상의 프로젝트가 진행 중이다. 지속가능한 농업 이니셔티브를 가진 이들을 위해서도 여러 지원사업을 시행하고 있다. 최근 환경 토지관리 계획(ELMS)을 보면, 유럽 연합과 공동으로 농부와 토지소유자에게 농장 보조금이 지원될 예정이다. 또 농업 지원 커뮤니티[21]가 활발히 진행되고 있다. CSA는 지역 농장에 미리 비용을 지불하고 수확물을 식

---

20 다팅턴 트러스트의 부지 개발(Estate Framework)을 주도할 스튜디오 파팅톤(Studio Partington)의 기사 내용이다. https://www.studiopartington.co.uk/dartington-estate
21 농업 지원 커뮤니티(CSA:Community Supported Agriculture)가 가장 대중적으로 널리 알려지고 체계를 갖춘 것은 미국 매사추세츠 주의 로빈 반 엔(Robyn Van En)의 노력이었다. 유기농 재배와 탄소 절감과도 이어지며, 커뮤니티 지원 식품 시스템을 근간으로 한다.

품 바구니로 받는 것으로, 생산자와 소비자가 연결되어 지역 농부와 지역 경제를 살리는데 크게 기여한다. 토트네스 전환마을도 다팅턴 부지를 할당받아 네 곳에서 텃밭 재배를 하고 있다.

연구 분야에서는 혼농임업 연구 트러스트 Agroforestry Research Trust가 있다.[22] 단일재배보다 농업과 임업을 혼합하여 재배하는 방식이 생물학적으로 더 지속가능한 방법임을 연구하고 있다. 다팅턴 홀 부지의 브로드리어스 필드 Broadlears Field에서도 5종류의 혼합작물이 재배 가능한지 실험하고 있다. 그 외에도 탄소 흡수원, 토양 건강 및 생물 다양성 등 앞으로 기후 변화에 대처하여 여러 연구가 이루어지고 있다.

지역 커뮤니티의 성장을 위한 여러 프로젝트를 보면 초기 '다팅턴 실험'이 끝나지 않았음을 알 수 있다. 다팅턴 지역 사회는 그때와 달리 시대적으로 많은 시간이 흘렀고 사회적으로도 많은 변화를 겪었다. 더 나은 세상을 위해 품었던 인물들의 이상은 시대적 혼란과 어려움을 겪으며 때로는 충돌하고 변모하면서 큰 영향력을 남겼다. 엘름허스트 부부를 시작으로 많은 사상가, 활동가, 예술가들이 다팅턴에 뿌린 씨앗은 싹을 틔웠다. 이는 오늘날 에너지 위기와 기후위기의 시대에 큰 사상적 기반이 되어주고 있다.

---

22 https://www.agroforestry.co.uk/의 연구 내용을 참조

"타고르가 없었다면 다팅턴도 없었을 것이고 다팅턴이 없었다면 슈마허 칼리지도 없었을 것이다."[23]
- 스테판 하딩

  스테판 하딩 교수는 슈마허 칼리지의 터전과 교육에 있어서 타고르의 정신이 살아있다고 강조했다. 20세기 초반 엘름허스트 부부의 '다팅턴 실험'은 피폐화된 농촌마을을 부흥시키기 위한 사회운동이었다. 또한 스승 타고르의 마을 재생운동에서 가장 큰 비전이었던 대안교육에도 주력했다. 그리고 그들이 남긴 다팅턴 트러스트는 슈마허 칼리지의 설립을 도왔다. 그러므로 오늘날 슈마허 칼리지에는 타고르의 정신과 사상이 고스란히 녹아있다고 할 수 있다. 이제 그 바통을 이어받은 슈마허 칼리지를 만나러 간다.

---

23 톰 크로스비(Tom Crosby), 다큐멘터리 영화 〈유산-타고르 이야기(Legacy – The Story of Tagore)〉

Dartington

《작은 것이 아름답다》를 통해 혜안을 제시해 준 에른스트 슈마허,
시대를 앞서 사회를 진단하고 통찰했던 그의 목소리는
오늘날 인류에게 큰 길잡이가 되어 주고 있다.
슈마허의 사상을 이어받은 슈마허 칼리지는
오늘날 가이아 이론에 기초한 생태학 교육의 산실이다.
또한 간디와 비노바 바베, 사티쉬 쿠마르의 정신적 흐름도 담겨있는
슈마허 칼리지를 만나러 간다.

3장 슈마허 칼리지

1 슈마허 칼리지를 만나다
2 사티쉬 쿠마르의 사상적 총체
  - 슈마허 칼리지의 설립
  - 사티쉬 쿠마르의 평화 순례
  - 사티쉬 쿠마르와 에른스트 슈마허와의 만남
  - 슈마허 칼리지는 사티쉬 쿠마르의 사상적 총체
3 슈마허의 '작은 것이 아름답다'
  - 슈마허와 간디의 비폭력 사상
  - 슈마허의 불교경제학
  - 슈마허의 중간기술
  - 슈마허의 '작은 규모'
4 슈마허 칼리지는 지구공동체
  - 슈마허 칼리지의 현재
  - 슈마허 칼리지의 생태학 교육

올드 포스턴의 모습

바톤 농장으로 이어지는 초원

슈마허 칼리지의 명판

슈마허 칼리지의 교육관

교육관 내부의 모습

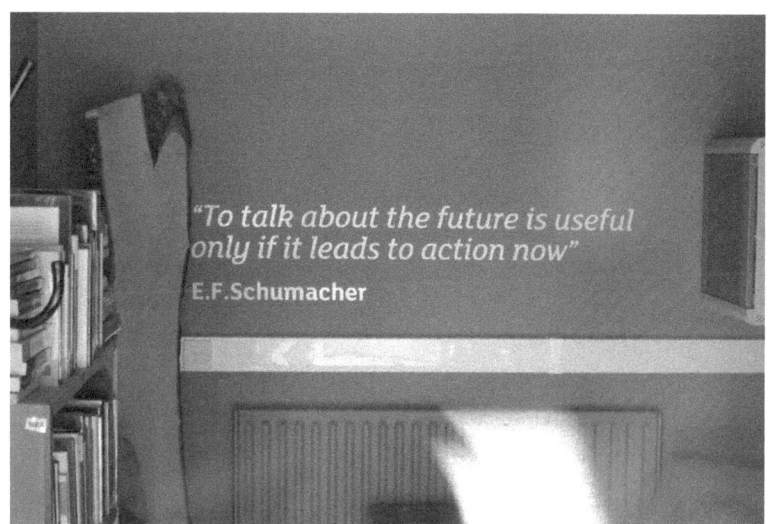

슈마허의 목소리가 담긴 문구

슈마허 칼리지 도서관

헨리의 농장

텃밭에 자라고 있는 호박

마더트리 앞 퍼머컬처 농장

하우스 안에서 자라고 있는 토마토

슈마허 칼리지 뒤의 낙농장과 노스우드

슈마허 칼리지 캠퍼스

슈마허 칼리지 주변 산책로

옛 폭스홀 스쿨로 가는 산책로

"우리가 직면한 위기는 에너지 위기도, 핵 위기도, 생태 위기도,
사회학적, 정치적, 문화적 위기도 아닙니다.
우리의 삶의 방식 전체가 위험에 처해 있으므로
여러 수준에서 동시에 해결방안을 개발하고 구현해야 합니다.
먼저 스스로 새로운 세계관을 형성하기 위해 노력하고,
무엇을 할 수 있는지 살펴보고,
다른 사람들이 이미 재건 작업에 참여하고 있는지 확인하고 지원하세요.
그런 다음, 작은 방법으로라도 스스로 행동하십시오."

- E. F. 슈마허

1 슈마허 칼리지를 만나다

영국의 날씨는 참 오묘했다. 아침에 햇살이 가득하다가도 오후가 되면 흐려져 기어이 비가 내리고 바람까지 몹시 불었다. 하지만 비가 쏟아진 다음날 아침이면 언제 그랬냐는 듯 다시 쾌청한 날씨가 펼쳐지고는 했다. 마을에서 만나는 분들마다 좋은 날씨라며 인사하는 맑은 날, 세인트 메리 성당을 지나 슈마허 칼리지를 찾아갔다.

가까운 곳에 '슈마허 칼리지Schumaher College'라는 이름이 적힌 파란색 표지판이 보였다. 작은 길을 따라 들어가자 돌로 지은 올드 포스턴Old Postern 건물이 먼저 반겨주었다. 식물 삽화가 윌리엄 마틴William Martin의 집이기도 했고, 다팅턴에 처음 도착한 엘름허스트 부부가 사택으로 지내기도 했다. 오늘날에는 슈마허 칼리지의 중요한 학습장이다. 하지만 2018년에 지붕이 무너져 내리는 바람에 '위험에 처한 유산 등록부Heritage at Risk Register'에 올라 복원을 기다리고 있었다.[24]

---

24 올드 포스턴은 200파운드의 기부를 받아 지붕수리와 복원에 들어갔으며, 슈마허 칼리지 30주년을 맞은 2021년에 완성되었다.

늦가을의 캠퍼스는 조용했다. 지난밤에 내린 비로 사과들이 많이 떨어져 있고 노랗게 물든 잎들과 작은 도토리들이 가을임을 알려 주었다. 어디선가 떠들썩한 소리가 나서 따라가니 단기 프로그램이 열리고 있었다. 학생과 직원들이 식사 준비를 하고 있어 인사를 나누었다. 슈마허 칼리지를 궁금해 하자 프로그램에 대해 이야기를 나누며 잠시 티타임을 허락해 주었다. 지금 교육 프로그램은 학기 수업이 거의 끝난 시기여서 참가할 수는 없다고 해서 아쉬워하자 담당자는 그만큼 한적하게 돌아볼 수 있다며 웃으셨다. 농장과 도서관, 기숙사 등을 둘러보라고 안내해 주었다.

제일 먼저 가 보고 싶었던 곳은 도서관이었다. 세상에서 가장 작은 도서관 벽에는 슈마허 칼리지가 추구하는 문장이 쓰여 있었다. 바로 《작은 것이 아름답다》에서 이야기했던 에른스트 슈마허의 목소리이다.

> "미래에 대해 이야기한다는 것은 지금 바로 행동으로 이어질 때에만 유용합니다."
> - 에른스트 슈마허

슈마허의 사상은 슈마허 칼리지를 움직이는 가장 큰 힘이다. 이 작은 공간에서 전 세계의 학생, 사상가, 활동가들이 미래와 지속가능성에 대해 토론을 벌이는 모습을 상상해 보았다.

길을 따라가니 온실 재배장이 나왔다. 토마토가 싱싱하게 매달려 있고 한쪽에는 새싹 채소 모종과 수확한 호박들이 일렬로 정리되어 있었다. 캠퍼스 뒤쪽으로는 텃밭이 이어졌는데, 이제 막 꽃을 피우며 자라고 있는 호박도 예쁘게 달려 있었다. 아침에는 서리가 내릴 정도로 쌀쌀한 날씨인데도 양배추와 샐러드 채소들이 보였다. 마침 밭을 돌보는 학생을 만났다. 퇴비를 뒤집어주고 있었는데 뜨거운 김이 훅 올라왔다. 아주 잘 발효된 것이라며 흐뭇해했다. 그리고 반대쪽으로 가더니 채소의 밑동이나 줄기 등을 마른 잎, 풀 등과 섞었다. 1차 퇴비를 만드는 것이라고 설명해 주었다. 쇠스랑으로 거름을 다른 자리로 옮겨주고 흙과 부산물을 더 넣어 주었는데 아주 능숙한 솜씨였다. 흙에서 재배된 것들이 다시 흙으로 돌아가는 퍼머컬처 방식으로 재배하는 텃밭은 모두의 건강을 책임지는 곳이자 훌륭한 교육의 장소였다.

이 텃밭으로 생태학 수업과 슈마허 칼리지의 식탁을 책임지기에는 좀 작은 듯하다고 했더니, 가까운 곳에 넓은 농장이 있으니 가 보라고 일러 주었다. 바로 헨리의 농장 Henri's Farm이었다. 이 농장은 슈마허 칼리지에서 강연했던 헨리 보르토프트를 기리는 이름이다.[25] 농장은 토지의 지속적인 관리, 생물의 다양성 보존, 유기농법 등을 염두에 두고 재배하고 있다. 혼농임업의 방식이 적용되는 넓은 농장을 찾아가니 나무와 울타리 등에 둘러싸여 몇몇 채소들이 자라고 있었다. 농장의 맞은편에는 마더트리 Mother Tree가 어머니의 품처럼 넓은 수관을 자랑하며 농장을 내려다보고 있었다.

---

25 헨리 보르토프트(Henri Bortoft)는 괴테의 자연철학을 기초로 전체와 부분 사이의 살아있는 관계를 연구하는 학자이다. 전체론적 과학(Holistic Science)으로 슈마허 칼리지에서 물리학과 과학철학을 가르쳤다.

2 사티쉬 쿠마르의 사상적 총체

슈마허 칼리지의 설립

> 1990년 3월 29일 오후 5시, 존 레인이 회의실에서 나오더니 큰 소리로 말했습니다.
> "됐습니다. 학교를 세우게 됐다구요, 학교명은 '슈마허'가 어떻겠습니까? 우리에게 가장 큰 영향을 끼친 인물이 바로 E.F. 슈마허이니 그렇게 정하는 게 어떻겠느냐고 모리스 애쉬가 말하더군요. 그리고 사티쉬, 당신에게 학장직을 맡기기로 결정했답니다."
> -사티쉬 쿠마르, 《끝없는 여정》

슈마허 칼리지의 설립이 결정되었을 때의 감격을 사티쉬 쿠마르는 이렇게 회상했다. 공동 설립자인 존 레인과 모리스 애쉬도 마찬가지였다. 존 레인 John Lane 은 화가이자 교육자로 다팅턴 트러스트의 이사직도 겸하고 있었다. 그는 엘름허스트가 설립한 다팅턴 홀 스쿨이 1987년에 이르러 폐교 되자 매우 낙심하고 있던 참이었다. 또 한 명의 공동 설립자인 모리스 애쉬 Maurice Ash 는 엘름허스트 부부의 사위이자 다팅턴 트러스트의 의장이었다. 그도 역시 다팅턴 트러스트가 나아가야 할 방향에 대해 많이 고민하고 있던 때였다. 초대 학장이 된 사티쉬 쿠마르는 슈마허 소사이어티의 의장이자, 최초의 환경잡지 <리서전스Resurgence>를 운영하고 있던 생명평화 운동가였다.

이 세 사람은 시대적 요구에 부응하여 생명존중 사상과 지속가능성을 위한 교육이 필요하다고 생각해 학교 설립을 추진했다. 무엇보다 《작은 것이 아름답다》를 쓴 에른스트 슈마허의 사상을 이어받아 대학의 이름을 슈마허 칼리지로 정한 것은 모리스 애쉬의 제안이었다. 슈마허 칼리지의 첫 강의는 제임스 러브록James Lovelock의 가이아 이론Gaia hypothesis이었다. 이후 슈마허 칼리지는 지속가능한 미래를 위한 생태학 학교로 널리 알려졌다.

슈마허 칼리지 뒤편으로는 노스우드 삼림이 자리하고 있고 이 숲의 북쪽은 다트 강이 돌아 흐르고 있다. 삼림지대에 자리한 혼농임업 연구 트러스트는 슈마허 칼리지의 교실과도 같다. 그리고 올드 포스턴의 동쪽으로는 엘름허스트가 다팅턴에 와서 초기에 시행했던 다팅턴 데어리 낙농장도 있다. 이렇게 슈마허 칼리지는 생태학을 연구하기에 적합한 자연환경에 자리하고 있었다. 그런 면에서 슈마허 칼리지는 엘름허스드가 시도한 다닝턴 실험의 연장이며 역사적으로는 시인 타고르의 마을 재생운동 및 대안교육과도 이어지고 있었다. 또한 오늘날 인류에게 닥친 에너지 위기와 기후위기, 경제위기와 식량위기 등에 대한 연구는 에른스트 슈마허로부터 사상적 계보를 이어받았다.

"버나드 리치에서 타고르에 이르기까지, 우리는 그들에게서 물려받은 사상을 기반으로 하고 있습니다. 우리 시대에 적절하게 그들의 정신을 이어받고 있습니다."

-사티쉬 쿠마르,《끝없는 여정》

사티쉬 쿠마르의 평화 순례

설립 이후부터 슈마허 칼리지를 책임지고 있는 학장 사티쉬 쿠마르는 자이나교 수도사였다. 그러나 절제와 금욕, 탁발 등 엄격한 수행을 견디지 못하던 사티쉬는 결국 환속하였다. 그후 그가 찾아간 곳은 인도 보드가야에 있는 비노바 바베Vinoba Bhave의 아슈람이었다. 아슈람Ashram은 '스스로의 노동으로 살아가는 사람들이 사는 곳'으로 간디에 의해 부활한 공동체였다. 아슈람에서는 생활에 필요한 모든 일을 직접 하고 자급자족하며 비폭력의 정신을 실천하며 지냈다. 사티쉬는 이때 육체와 정신의 합일, 머리와 손발, 사고와 행동, 과학과 영성이 합일되는 것을 느꼈다고 한다. 이때의 배움과 체험은 나중에 작은 학교와 슈마허 칼리지를 설립했을 때 머리, 가슴, 손의 합일을 강조하는 교육으로 이어졌다.

사티쉬는 비노바 바베를 만나면서 토지개혁운동에 참여했다. 비노바 바베는 마을을 돌면서 지주들을 설득하여 가난한 농부들에게 토지를 분배하도록 강연을 열었는데 이를 '부단 운동Bhoodan'이라고 불렀다. 또 토지를 지역에 기증함으로써 마을 공동체를 이룰 수 있도록 하는 '그람단Gramdan' 운동에도 함께 했다. 그람단 운동을 하면서 마을에 우물을 파고 농사일도 도왔다. 비노바의 철학은 간디의 사르보다야와 그람 스와라지의 영향을 받은 것인데, 이는 인도의 마을을 자급자족이 가능한 공동체로 만들고자 하는 운동이었다. '사르보다야Sarvodaya'는 인도의 모든 계층에게 평등권과 자결권을 주자는 것이고, '그람 스와라지Gram Swarajya'는 마을의 자치를 이르는 말이다. 이는 간디의 사상을 이어받아 비노바 바베가 실천하는 운동으로, 타고르의 마을 재생운동과 맞닿아 있다. 이때 사티쉬는 이 운동에 참여하면서 인도의 현실에 대해 눈떴고, 서구 경제학과는 다른 경제학이 필요하다고 생각했다. 사티쉬의 영성, 평화, 생태, 지역 공동체에 대한 관심은 이때부터 싹트기 시작했다.

사티쉬 쿠마르가 평화와 영성의 구도자가 되는데 가장 큰 계기가 되는 사건이 일어났다. 90세의 버트런드 러셀Bertrand Russell이 런던에서 반핵 시위 도중 체포되었다는 기사를 접한 것이다. 그는 친구와 함께 핵을 보유한 소련, 프랑스, 영국. 미국의 수도를 찾아가는 '평화의 순례'를 계획했다. 여정에는 돈을 한 푼도 지니지 않을 것과 어떤 경우에라도 채식할 것을 당부하는 비노바 바베의 가르침대로 비폭력 평화정신을 추구했다. 사티쉬 쿠마르는 여행 중 종교와 민족, 지식과 빈부의 차이와 상관없이 누구나 인류애를 지니고 있다는 것을 배웠다. 평화의 순례 중 선물로 받은 전통차를 핵 보유국인 지도자들에게 전하면서, 인류가 원하는 것은 폭탄이 아닌 빵이며, 죽음이 아닌 삶과 생명 존중이라는 것을 알게 되었다. 이후 사티쉬는 반핵운동가, 환경운동가로 거듭났으며 그는 줄곧 평화순례자로 살았다.

사티쉬 쿠마르와 에른스트 슈마허와의 만남

영국으로 건너온 사티쉬 쿠마르는 런던 비폭력학교를 열어 서구사회에 간디의 사상을 널리 알리기 위해 노력했다. 이 자리에는 에른스트 슈마허, 존 세이무어 등 500여명이 함께 했다. 이렇게 간디의 사상은 인도 식민지 시대를 넘어 전 인류의 사상적 흐름으로 전해졌다.[26]

사티쉬 쿠마르는 <리서전스> 잡지[27]의 편집을 맡으면서 그의 삶에 큰 영향을 주게 될 인물을 만났다. 바로 에른스트 슈마허였다. 1966년 슈마허의 '불교 경제학Buddhist Economics' 논문이 나왔을 때 사티쉬 쿠마르는 서구의 경제학자가 쓴 이 놀라운 글을 보고 그를 직접 만나러 갔다. 그후로 사티쉬는 슈마허와 만나 빵을 만들고 텃밭을 돌보기도 하며, 생태학과 철학을 아우르는 광범위한 대화를 나누었다.[28] 사실 슈마허는 <리서전스> 잡지의 초대 공동 설립자였고, 《작은 것이 아름답다 Small is Beautiful》의 기초가 될 수많은 아이디어들은 <리서전스> 잡지를 통해 발표되었다. 슈마허 사후에 사티쉬는 그가 기고한 스물 세 편의 원

---

26 사티쉬 쿠마르는 2001년 간디의 가치를 전하고 지역 사회 봉사 및 사회 개발을 촉진하기 위해 잠날랄 바자즈 재단이 수여하는 "잠날랄 바자즈상(Jamnalal Bajaj Award)"을 수상했다.
27 〈리서전스〉 잡지는 사회에 대한 새로운 비전을 위해 1966년 창간된 최초의 환경잡지이다. 지역 커뮤니티를 추구해 온 존 팝워스가 작가 레오폴드 코어(Leopold Khor), 경제학자 E.F. 슈마허(E.F. Schumacher) 등과 함께 만들었다. 이후 사티쉬 쿠마르가 편집장을 맡았다. 오늘날 환경 문제, 참여 행동주의, 철학, 예술 및 윤리적 생활을 다루는 잡지는 리서전스 트러스트를 통해 운영되고 있으며, 온라인 잡지와 병합해 〈리서전스&에콜로지(Resurgence & Ecology)〉로 거듭났다.
28 사티쉬 쿠마르, 《그대가 있어 내가 있다》, 달팽이출판, 2004

고를 모아 《내가 믿는 세상This I Believe and Other Essays》이라는 유고집을 출간하였다. 그리고 그의 사상을 이어받아 연구하기 위해 슈마허 소사이어티를 설립했다.[29] 두 사람의 만남은 우정을 너머 사상적 연대로 이어져 오늘에까지 이르고 있다.

사티쉬 쿠마르는 런던에서 데본 주로 이주하여 하트랜드에 정착했다. 사티쉬는 헛간을 개조해 <리서전스> 사무실을 만들고, 슈마허의 며느리이자 환경운동가인 다이애나 슈마허와 함께 <그린북스> 출판사를 세웠다. 그러면서 어느덧 자신이 살게 된 마을이 이미 자급자족으로 충분한 마을 공동체라는 걸 알게 되었다. 주민의 생활에 필요한 농부, 목수, 도공, 인쇄업자, 의사, 교회, 빵집, 식당, 은행 등이 모두 갖춰져 있고, 작은 신문사 <하트랜드 타임스>도 있었기 때문이다. 그래서 자급자족을 배웠던 비노바 비베의 아슈람이나 간디의 그람 스와라지와도 닮아 있는 마을 공동체를 이루기 위해 사티쉬는 더욱 노력하게 되었다.

1982년 그는 '작은 학교The Small School'를 설립하기로 결심했다.[30] 당시에는 슈마허가 쓴 《작은 것이 아름답다》의 영향으로 대도시의 거대한 학교 대신 지역의 작은 학교가 대안으로 떠오를 때였다. 슈마허는 이 책에서 큰 학교는 학생들을 숫자로 전락시킬 뿐 각자의 창의성에 맞

---

29 1977년 슈마허가 사망한 후 슈마허 소사이어티가 설립되었고, 사티쉬 쿠마르를 의장으로 선출했다. 1991년 슈마허 칼리지가 설립 이후 브리스톨에 슈마허 협회(Schumacher Institute)를 만들었다. 슈마허 소사이어티는 2013년에 문을 닫았다가 2019년에 다시 설립되었다.
30 '작은 학교'는 1982년 8명의 어린이로 시작하여 35명으로 늘어났다. 이 대안학교는 2016년에 문을 닫았다.

게 재능을 발휘하지 못하게 한다고 강조했다. '작은 학교'의 교육방식을 보면 슈마허 칼리지의 전신이라고 할 수 있는 혁신적인 시도가 많았다. '작은 학교'는 통합교육을 실시했는데, 학생들은 집을 지으면서 수학과 건축, 지속가능성과 생태학 등을 동시에 학습했다. 또한 채식 식단을 통해 생명 존중사상을 배웠으며, 식사를 준비하거나 설거지를 하는 것도 교육의 하나로 삼았다. 학교는 가정의 연장이자 하나의 사회라는 것을 심어주었으며 학생들은 머리로만 지식을 쌓는 것이 아니라 마음과 손이 함께 하면서 공동체 의식을 길러야 한다고 강조했다. 사티쉬의 '작은 학교'는 타고르의 샨티니케탄이나 스리니케탄의 마을 공동체, 엘름허스트의 다팅턴 홀 스쿨과도 이어진다. 모두 작은 규모와 마을 공동체에 가치를 두고 있다.

슈마허 칼리지는 사티쉬 쿠마르의 사상적 총체

"슈마허 학교는 지금까지 내가 살아온 삶의 모든 경험을 쏟아 부을 수 있는 곳이었습니다. 승려로서 갖추게 된 정신적 토대와 부단 운동을 하면서 갖게 된 사회문제에 관한 인식, 전 세계 도보로 여행하면서 추구했던 평화에 대한 이상, 그리고 〈리서전스〉를 운영하면서 터득한 환경에 대한 인식 등 그 모든 경험과 지식을 나는 '슈마허 대학'에 쏟아 부었습니다."
-사티쉬 쿠마르, 《끝없는 여정》

슈마허 칼리지에는 에른스트 슈마허와 사티쉬 쿠마르의 사상이 총체적으로 담겨 있다. 슈마허는 불교 경제학, 중간기술, 작은 규모의 가치를 강조했는데, 이는 지역 중심의 생산과 소비를 갖춘 지역 경제 시스템이라고 할 수 있다. 사티쉬 쿠마르는 인류가 직면한 에너지 문제, 기후변화, 글로벌 경제위기의 대안을 생태학적인 측면에서 찾아가고 있다.

슈마허의 불교 경제학은 물질적 욕망과 부의 축적을 멈추고 사랑, 나눔, 자비 등을 추구하라고 강조하고 있다. 그동안 글로벌 경제 시스템은 물질을 삶의 목적으로 만들어 버렸다. 그래서 인류는 삶에서 가장 가치있는 것, 즉 사랑과 행복, 존중과 배려, 공감과 나눔 등을 잃어 버렸다. 목적과 수단의 분별력을 잃고 물질의 욕망에만 매달린 인류는 자연 파괴, 환경오염, 생물 다양성 파괴 등을 낳았다. 이러한 슈마허의 생각을 바탕에 둔 사티쉬의 생태학은 대지의 은혜를 받고 있는 생명 모두는 존중받아야 하며, 이러한 사상이 폭력과 파괴의 세계를 멈출 수 있다고 강조했다. 사티쉬 쿠마르는 열대우림의 파괴, 공장식 축산, 동물 학대, 토양을 오염시키는 방식 등은 모두 전쟁과 같다고 말했다.[31] 그래서 지구는 구하는 것이 아니라 '사랑'하는 것이라고 했다. 자연과 평화로운 관계를 맺고, 자연을 살아있는 유기체로 볼 때, 적극적인 사랑으로 인류가 처한 모든 위기를 멈출 수 있다고 강조했다.[32]

---

31 사티쉬 쿠마르와의 인터뷰, 안희경, 《내일의 세계》, 메디치미디어, 2021
32 2023년 사티쉬 쿠마르와 슈마허 칼리지는 RSA 200주년을 맞아 '선구적인 생태학습'으로 메달을 수상했다. 가디언지에 실린 수상 기념 인터뷰 '분노가 아닌 사랑으로(Act out of love not anger': green trailblazer calls for unity in movement)'의 내용이다.

3 슈마허의 '작은 것이 아름답다'

슈마허와 간디의 비폭력 사상

슈마허 칼리지는 슈마허의 사상적 유산이다. 그는 경제학자이며, 사상가이자, 철학가였다. 그가 연구한 사상은 슈마허 칼리지를 넘어 국제적으로, 당대에서 오늘날까지 큰 영향력을 발휘하고 있다.

에른스트 슈마허는 1950년부터 20여 년간 국가 석탄 위원회 National Coal Board의 수석 경제 고문으로 일하면서 자원의 고갈을 우려하고 값싼 석유에 의존하는 소비 행태를 비판했다. 위기의 시대를 예고한 그의 통찰력은 오늘날 글로벌 경제 시스템의 위기, 에너지 위기, 기후위기의 문제에 해결방안으로 더욱 활발히 연구되고 있다. 슈마허의 사상을 연구하는 단체와 학자들은 더욱 늘어나고 있다. 슈마허 소사이어티를 시작으로 슈마허 칼리지, 슈마허 서클[33] 등은 슈마허의 경제학,

---

33 슈마허 서클은 슈마허의 정신을 기리고 그의 사상과 영감을 이어받아 서로 지원하며 활동하는 단체를 말한다. 슈마허 칼리지, 매거진 리서전스, 출판사 그린북스, 국제 비정부 기구 프랙티컬 액션, 신경제학재단, 신경제학을 위한 슈마허 센터, 토양협회,대안기술 센터, 지비카 트러스트, 슈마허 협회가 있다. 이 책의 부록에서 단체의 자세한 활동을 살펴볼 수 있다.

사회학, 생태학 등 다양한 프로젝트를 진행하고 있다. 이들의 연대와 연구 활동은 오늘날 인류의 지속가능성을 위한 큰 구심점이 되고 있다.

슈마허는 1973년 인도 바라나시에 있는 간디 연구소에서 기념 강연을 했다. 여기서 그는 간디를 인간적인 경제학자People's Economist로 묘사했다. 슈마허의 저서 《작은 것이 아름답다》의 부제는 '인간 중심의 경제학 연구A Study of Economics As If People Mattered'이다. 이는 간디의 인간을 위한 경제학과 연결되어 있다. 간디의 비폭력 사상을 기저에 담고 있는 슈마허의 경제학은 서구 경제학이 점점 더 거대해지고 비인간적인 것으로 변해가고 있다고 비판했다. 그는 기계적인 것, 인간의 노동을 제거하는 것, 거대한 기술과 규모에 해당하는 것을 폭력적인 것으로 보았다. 또 자연을 개발 대상으로 보고 토지를 경제적 효용 가치로 두는 것도 폭력이라고 했다. '더 많이, 더 빨리, 더 거대하게'를 앞세워 무한 팽창주의를 추구하는 서구 경제학은 이렇듯 비인간적이고 파괴적인 요소들이 포함되어 있다고 강조했다. 그래서 슈마허는 토지, 자원, 노동, 기술 등에 비폭력 사상을 담았다.

슈마허의 중요한 경제학 개념인 적정기술[34]의 시초도 간디에서 비롯되었다고 할 수 있다. 간디에게 있어 인도의 독립은 영국령 식민지에서 벗어나는 것이 아니라 칠십만 개의 인도 마을이 자립하고 연합하

---

34 '중간기술'은 이후 '적정기술(Appropriate Technology)'로 용어가 바뀌면서 좀 더 폭넓은 의미로 사용되고 있다.

는 데서 얻을 수 있다고 하였다.[35] 그는 《마을이 세상을 구한다》에서 전통적으로 인도의 마을은 농사를 짓고 직접 천을 짜고 스스로 재배한 음식을 먹었으며, 필요한 물건을 만들어 썼기 때문에 재화와 서비스를 모두 마을 공동체 안에서 해결할 수 있다고 말했다. 그래서 마을 공동체는 하나의 작은 국가와도 같다는 것이 간디가 추구한 자립과 자치의 정신이었다. 그래서 산업화, 기계화, 세계화 등을 통해 대량 생산하는 방식에 반대하고 마을 공동체가 주도적으로 생산과 소비를 책임지는 방식이어야 한다고 강조했다. 이러한 간디의 사상은 슈마허의 적정기술이라는 개념으로 발전하였다.

슈마허는 인도를 방문한 이후 불교경제학을 더욱 발전시켰고 '대량 생산'이 아니라 '대중에 의한 생산'을 강조했다. 그래서 만일 인도가 서구 산업주의로 바뀐다면 그것은 재앙을 초래하는 일이라고 했다. 왜냐하면 대량 생산이 가능해지려면 자본 집약적이고 에너지 의존도가 높아야 하며, 노동 절약적인 기술에 의존해야 하기 때문이다. 즉 거대한 기술 체계, 거대한 자본 투자, 기계적 생산방식, 에너지 수입 등이 필요하게 된다.

반면 대중에 의한 생산방식은 인간이 가지고 있는 귀중한 자원인 머리와 손을 이용한 생산방식이다. 이러한 생산방식을 마을에 적용하면 경험에 기초한 지식을 활용할 수 있고 자원을 낭비하지 않으며 생

---

35 사티쉬 쿠마르, 〈간디의 스와데시-영속성의 경제학(Gandhi's Swadeshi-The Economics of Permanence)〉. 이 글은 Jerry Mander와 Edward Goldsmith가 1996년 Sierra Club Books에서 편집한 "세계 경제에 대한 반론 - 그리고 지역으로의 전환" 중 한 단원이다.

태계를 고려하여 적절하게 생산, 소비할 수 있다. 이는 거대한 대량 생산기술을 도입하는 것보다 단순하고 저렴하며 자유로운 방식이기 때문에 인도를 비롯한 개발도상국에 적당하다고 했다. 그래서 작은 규모와 중간기술을 강조한 것이다.

슈마허의 불교경제학

"불교 경제학의 관점에서 볼 때 지역의 필요를 위해 지역의 자원을 가지고 생산하는 것은 가장 합리적인 경제생활 방식이다. 반면에 먼 곳으로부터 수입에 의존하는 것, 그 결과 알지도 못하는 먼 나라 사람들에게 수출하기 위해 생산을 해야만 하는 것은 대단히 비경제적 (이다.)"

—E. F. 슈마허, 《내가 믿는 세상》

1955년 슈마허는 경제 컨설턴트로 오늘날 미얀마인 버마를 여행했다. 슈마허는 이곳을 방문한 후 불교적 가치를 중심에 둔 경제학과 서구 경제 시스템이 다르다는 것을 확실히 알게 되었다. 서구 경제학의 목표가 물질적 가치와 부의 축적에 있다면, 불교 경제학은 종교적 가치와 영적인 추구를 목표로 한다. 서구 경제학은 거대 자본이 투입되고, 무자비하게 추출된 자원에 의존하며, 값싼 일자리 창출을 위해 도시로 인구를 집중시킨다. 이러한 파괴적이고 유한한 경제활동 대신 불교 경제학은 재생가능한 자원을 이용해 현지 생산방식으로 이루어지는 경제활동이다. 이것이 궁극적으로 지역 중심의 소규모 경제 시스템으로 지속가능한 사회를 만들 수 있는 방법이다. 이러한 내용을 담아 쓴 '불교 경제학Buddhist Economics'은 1966년 <리서전스>에 발표되었다.[36]

---

36 〈리서전스〉 잡지, 1968년 1월-2월호(Vol. I, No 11)

불교 경제학과 서구 경제학은 노동의 문제, 소비에 대한 문제, 자원 문제 등에 대해 큰 차이를 보인다. 이 차이를 통해서 지역중심으로 이루어지는 작은 규모의 경제학, 인간 중심의 경제학이 얼마나 이로운지 알 수 있다.

먼저 불교 경제학에서는 노동의 역할과 가치를 "자신의 능력을 발휘하고 향상시킬 수 있는 기회, 다른 사람들과 공통의 임무를 수행하면서 자기중심성을 극복하는 것, 생활에 필요한 재화와 서비스를 만들어 내는 것"[37]이라고 하였다. 하지만 서구 경제학은 인간의 노동을 생산요소로만 파악한다. 그렇게 되면 생산비용에 포함된 노동은 어디까지나 기계화와 분업화를 통해 최소로 줄일 수 있는 대상이 되어버리고 만다. 이는 결국 노동자를 단순하고 무의미한 존재로 만들고 노동의 가치를 무시하게 된다.

두 번째 소비에 관하여 불교 경제학과 서구 경제학의 차이점을 보면, 서구 경제학에서는 물질을 더 많이 소유할수록 더 많은 만족감을 얻을 수 있다는 행복론을 기반으로 하고 있다.[38] 하지만 불교 경제학에서 재화를 소유하거나 물질을 소비하는 것은 단지 수단일 뿐이므로 생활에 필요한 것은 최소한이라고 여긴다. 대신 영적인 가치나 종교

---

37 E. F. 슈마허, 〈불교 경제학〉,《작은 것이 아름답다》, 문예출판사, 2002
38 부탄 정부는 지금의 국내 총생산(GDP)만으로 국가 발전을 측정하는 것에 반대하고 "국민 총행복(GNH)"이라는 개념을 장려했다. 한 나라의 부는 단지 물질적 발전만으로 측정할 수 없기 때문에 불교의 정신적 가치를 기반으로 하는 경제 발전을 이루겠다는 의지였다. 오늘날 서구 경제학과의 차이점을 국민 총생산을 중시하느냐 국민 총행복을 중시하느냐로 나눌 정도로 '국민 총행복'은 주목받고 있다.

적 가치를 추구하는데 더 노력한다. 이것이 불교 경제학의 핵심인 소박함과 비폭력성이다.

  자원에 대해서도 불교 경제학은 지역의 필요에 따라 현지의 자원을 이용해 생산하고 소비하는 것이 가장 합리적인 경제 시스템이라고 보았다. 하지만 서구 경제 시스템에서는 국제적인 무역에 집중하고 소비 촉진을 위해 생산품을 더 빨리 소모시키도록 설계한다. 슈마허는 특히 이 부분을 야만성의 극치라고 비판했다.

슈마허의 중간기술

"빈곤 상태의 개발도상국에 가장 잘 맞는 적정기술은 '중간'입니다. 상징적으로 말하자면 괭이와 트랙터의 중간을 말합니다. 중간 수준의 기술과 거기에 맞는 장비에 대한 지식과 경험은 분명 세계 여러 지역에 존재(했습니다.)"
- E. F. 슈마허, 《굿 워크》 중에서

1962년 불교 경제학에 관한 논문을 읽은 네루 수상이 인도의 농촌 개발에 관한 자문을 구하기 위해 슈마허를 초청했다. 인도 기획위원회에 제출한 보고서에서 슈마허는 처음으로 '중간기술'이라는 개념을 사용했다. 이 보고서를 보면 인도는 자본이 적은 대신 노동 인구를 활용할 수 있으므로 '중간기술'이 적당하다고 밝히고 있다.

1965년 <옵저버>에 낸 슈마허의 글 <그들이 스스로를 도울 수 있는 방법 How to help them help themselves>에는 이러한 중간기술에 대한 아이디어가 담겨있다. 그리고 중간기술의 개념에 박차를 가하기 위해 슈마허는 동료 조지 맥로비 등과 함께 중간기술 개발그룹 ITDG : Intermediate Technology Development Group도 설립했다. 이후 슈마허의 책 《작은 것이 아름답다》에서 이 개념이 정립되었고, '중간기술'은 '적정기술'로 바뀌었다.

슈마허는 극심한 빈곤, 기아, 실업, 도시 문제 등을 해결하기 위해 중간기술을 생각했다. 그는 근본적으로 경제개발의 목적은 빈곤과 실업을 없애는 것이어야 한다고 보았다. 그래서 도시 중심에 일자리를 창출하여 인구 대이동을 할 것이 아니라, 각 지역에 소득을 창출할 수 있는 기회를 늘려야 한다고 강조했다. 즉 노동인구를 이용해 일자리를 만들고 지역에 맞는 도구를 개발해서 사회의 전환을 이끌 수 있는 방법을 모색해야 한다. 구체적인 조건을 보면[39] 작업장은 '사람들이 살고 있는 곳'에 만들고, 건설비용은 '저렴'해야 하며, '단순한 생산 방법'을 이용하되, 생산은 '지역의 원료'를 이용하여 '지역'에서 이루어져야 한다고 설명하였다.

강연 모음집인 《굿 워크》에서 슈마허는 당시 거대 경제 시스템을 비판했다. 예를 들어 캐나다 사스케처원의 거대농장에서 재배되는 밀이 수도인 토론토까지 가서 빵이 되어 다시 마을로 돌아오는 경우이다. 슈마허는 이러한 경제방식이 지역에서 생산하고 소비하는 일과 너무나 동떨어져 있는 시스템이라며 비판했다. 그래서 슈마허는 몇 천 톤을 생산하는 하나의 거대한 공장보다 각 지역마다 소규모로 설립하여 천 개의 공장을 운영하는 것이 더 인간적이라며 지역 경제 시스템을 제안했다.

슈마허 사후에 중간기술 개발그룹은 '프랙티컬 액션'이라는 이름으로 거듭 났다. 오늘날 에너지 문제와 지역 순환 시스템을 위해 적정기술은 더욱 활발하게 연구되고 있다. 선진국에서도 적정기술을 이용해 사회와 환경에 부정적인 영향을 미치지 않는 방법을 개발하고 있다.

---

39   E. F. 슈마허, 《작은 것이 아름답다》, 문예출판사, 2002

슈마허의 '작은 규모'

《내가 믿는 세상》은 <리서전스> 잡지에 기고했던 강론을 묶어 슈마허 사후에 펴낸 책이다. 여기에는 사티쉬 쿠마르가 쓴 서문이 있는데, 《작은 것이 아름답다》가 출간되었을 때 왜 '작은 것'에 대해 가치를 두는지 슈마허가 말한 내용이 들어있다.

> "산업의 기술적 진보는 규모의 경제 논리에 사로잡혀 있어요. 그래서 거대 관료집단, 대기업, 대규모 공장들을 성공의 상징으로 여기게 되었지요. 그러나 현실은 어떻습니까? 모든 것이 규정에 따라 행해지고 인간관계는 부차적인 것이 돼버렸습니다. 거대기술이 반인간적인 것처럼 거대조직 또한 반인간적입니다. 큰 학교에서 학생들은 숫자로 전락합니다. 큰 병원에서 환자들은 숫자로 전락합니다. 큰 공장에서 노동자들은 숫자로 전락합니다. 경제학은 인간적 가치, 나아가 인류의 영적인 성장에 기여해야 합니다. 내가 볼 때 조직이 일정한 크기 이상이 되면 이것은 불가능해집니다. 그래서 내 책 이름을 '작은 것이 아름답다'로 했지요."
> – E. F. 슈마허, 《내가 믿는 세상》

'작은 것'의 가치를 밝힌 슈마허의 명저 《작은 것이 아름답다》는 서구 경제 시스템에 제동을 걸었다. 또한 글로벌 경제 시스템으로부터의 전환을 제시했다. 책의 부제인 '인간 중심의 경제학 연구'는 슈마허 경제학에 있어 철학에 가까운 중요한 내용을 담고 있다. 작은 규모일 때 인간 중심의 경제학에 도달할 수 있다는 의미이다.

슈마허는 스콧 베이더 사의 경영 자문으로 일한 적이 있었다. 이때 그는 인간을 중심에 둔 기업을 생각하며 '스콧 베이더 공동체Scott Bader Commonwealth'를 제안했다. 그리고 슈마허의 제안에 따라 회사의 소유권은 100% 공동체에 양도되었다. 슈마허는 인간 중심의 공동체 기업이 가능하다는 것을 알리기 위해 다음과 같은 행동 강령을 만들었다.[40]

> 첫째, 회사는 모든 종업원이 전체 모습을 그려볼 수 있도록 작은 규모를 유지해야 한다.
>
> 둘째, 조직 내부의 보수는 최저 수준과 최고 수준의 격차가 나이, 성별, 직무, 경험에 상관없이 세전 기준으로 1대 7을 초과해서는 안 된다.
>
> 셋째, 공동체 성원은 종업원이 아니라 동료이므로 중대한 개인적 과오를 저지르지 않는 한 어떤 이유로든 다른 동료들에게서 해고당할 수 없다.
>
> 넷째, 스콧 베이더 이사회는 공동체에 대해 완전한 책임을 진다.
>
> 다섯째, 공동체는 스콧 베이더 사의 순이익의 40퍼센트 이상을 취득해서는 안 된다. (…) 그리고 공동체는 이익의 절반을 회사에서 일하는 사람들에게 보너스로 지급하고 나머지 절반을 외부의 자선단체에 기부해야 한다.
>
> 마지막으로 스콧 베이더 사의 제품 중 그 어느 것도 이 제품을 전쟁과 관련된 목적을 위해 사용할 것으로 알려진 고객에게 팔아서는 안 된다.

---

40 E. F. 슈마허, 《작은 것이 아름답다》, 문예출판사, 2002

슈마허는 큰 학교, 큰 병원, 큰 공장 등 규모가 커질수록 인간은 숫자로 전락한다고 말했다. 그래서 "모든 종업원의 모습을 그려볼 수 있도록 작은 규모"로 운영하라는 강령은 그의 인간 경제학을 알 수 있는 부분이다. 동료에 대한 규정이나 보수에 대한 규정, 그리고 공동체의 소유권에 대한 규정 등은 스콧 베이더 사가 공동체 구성원들과 함께 체결한 규제 내용이었다. 스콧 베이더 사는 그후 안정적인 기업으로 거듭났다.[41]

이렇게 슈마허의 사상을 자세히 살펴본 것은 그의 경제학, 사회학, 생태학에 대한 연구가 그대로 슈마허 칼리지에 담겨있기 때문이다. 또한 작은 규모의 가치, 지역을 중심으로 한 중간기술(적정기술), 인간 규모의 경제학을 강조한 슈마허의 사상은 토트네스의 전환운동으로 이어졌다. 그러므로 그의 사상은 슈마허 칼리지와 전환운동을 이해하는 데 큰 도움이 된다.

슈마허는 인간중심의 경제학, 노동의 가치, 중간기술 등의 개념을 통해 글로벌 경제 시스템을 비판하고 지역 경제 시스템의 구축을 제안했다. 이는 시인 타고르가 하나의 마을을 모델로 스스로 자립하는 공동체가 되도록 하기 위해 수공업, 협동조합, 내안교육에 주력했던 신념과도 이어진다. 또한 토트네스 전환마을이 지역의 자원을 이용하여 지역 자체에서 생산과 소비를 활성화하려는 시도는 지역 경제 시

---

41 스콧 베이더 사의 창립자인 어니스트 베이더는 공동체 기업에 대한 내용을 자서전으로 펴냈고 슈마허가 서문을 작성했다. 《The Man who Gave his Company Away: A Biography of Ernest Bader Founder of the Scott Bader Commonwealth》, 1978

스템을 구축하려는 노력과 연결된다. 마을 재생운동에서 지역의 자생력을 중요하게 여겼던 타고르, 지역의 회복력에 주력했던 전환운동은 바로 슈마허가 '그들이 스스로를 도울 수 있는 방법'을 통해 강조했던 지역 경제 시스템에 다름 아니다.

"제 경험으로 보자면 작고, 간단하고, 자본이 적게 들며, 비폭력적인 기술 혹은 이 가운데 한 가지라도 갖춘 기술을 만들어낼 수 있으면 개인이건 공동체건 자기 힘으로 자립할 수 있는 새로운 가능성이 생기게 됩니다. 이런 기술은 보다 인간적이고, 생태적이며, 화석연료에도 덜 의존하는 생활양식을 낳게 됩니다. 여기서 나온 생활양식은 거대하고 복잡하며 자본이 많이 들고 폭력적인 기술로 생긴 생활양식보다 인간이 지닌 현실적 욕구에 더 다가갈 수 있습니다."
- E. F. 슈마허,《굿 워크》

4 슈마허 칼리지는 지구공동체

슈마허 칼리지의 현재

2021년 슈마허 칼리지는 설립 30주년을 맞았다. 슈마허 칼리지는 생태학 교육의 산실로서 설립 초기보다 더 많은 주목을 받고 있다. 지구 생태계의 위기를 맞고 있는 오늘날에 생명존중 사상과 지속가능성을 추구하는 교육은 더욱더 시대적 요구에 부응하고 있다. 사티쉬 쿠마르는 지금 20대라면 기후 변화를 위한 순례를 다시 시작하고 싶다고 했다.[42] 그가 예전 핵전쟁을 막기 위해서 평화의 순례자가 된 것처럼, 오늘날에도 기후위기의 문제에 대해 많은 사람들을 만나고 이야기하며 손잡고 나아가기를 촉구하려는 것이다. 우리 모두는 연결되어 있으며 지구 시민으로서 모두가 함께 해결해야 할 문제임을 널리 알리고 싶어했다.

사티쉬는 슈마허 칼리지를 교사와 학생의 공동체라고 불렀다. 그리

---

42 2021년 사티쉬 쿠마르가 걷기의 힘에 대해 인터뷰한 내용 https://inews.co.uk/

고 하나의 집이자 행성이라고도 했다. 이것은 슈마허 칼리지가 그 자체로 지구 공동체임을 의미하고 있다. 이는 슈마허 칼리지의 교육 현장을 통해 구현되고 있다. 나누고 구분하는 경계가 없고 학교와 집의 구분도 없다. 학생들은 수업 외에도 청소를 하고 함께 텃밭도 가꾸며 식사도 직접 만들어 먹는다. 또 학습하는 교실과 체험 및 노동의 장소가 따로 있지 않다. 칠판이 있는 교실만이 아니라 모든 곳이 교육 현장이다. 나아가 교사와 학생의 구분도 없다. 슈마허 칼리지가 지향하는 바를 위해 함께 연구하고 탐색하는 공동체의 일원이기 때문이다. 슈마허 칼리지는 지식과 생활, 이상과 현실을 분리하지 않으며, 모두 함께 이루어가는 공동체로서 존재하기를 바란다. 사티쉬 쿠마르는 이것이 전인교육과 함께 생태학 교육의 비전이라고 밝혔다.

슈마허 칼리지의 생태학 교육

TEDx 강연에서 사티쉬 쿠마르는 생태학과 경제학은 정반대의 개념이 아니라는 것을 설명했다.[43] 생태학ecology과 경제학economy은 모두 '에코eco', 즉 집이라는 뜻의 그리스어 '오이코스oikos'에서 파생되었다. 생태학이 지구와 행성이란 무엇인지를 근본적으로 연구하는 학문이라면 경제학은 집, 사회, 지구를 관리하는 학문이다. 오늘날 서로 별개일 뿐만 아니라 정반대의 분야로 대치되어 있지만, 모두 환경과 자연을 중심으로 연구하고 지구 전체의 생물에 대한 학문이어야 한다고 강조했다. 그래서 오늘날 글로벌 경제 시스템이 자원을 고갈시키고 생태계를 파괴하며 기후위기를 가속화시키는 것은 옳지 않다고 힘주어 말했다. 사티쉬 쿠마르는 강연을 통해 슈마허 칼리지가 왜 생태학을 추구하는지 설명하고 있다. 이는 슈마허 칼리지를 설립할 당시 존 레인의 이야기와도 상통하고 있다.

> "예컨대, 제임스 러블락의 가이아 설과 같은 건 어느 대학에서도 다루려고 하지 않고 있네. 그것이 우리 시대의 중요한 사상인데도 말이야. 그와 마찬가지로 형태 발생악 분야의 루퍼트 셀드레이크의 사상 역시 사갈시되고 있다네. 요컨대 어떤 대학도 지적 탐구의 정신적 토대에는 관심이 없네. 그러니 사람들이 어디서 그런 사상들을 깊이 있게 배울 수 있겠나?"
> –사티쉬 쿠마르, 《끝없는 여정》

---

43 사티쉬 쿠마르의 2013년 TEDx 강연 "Education With Hands, Hearts and Heads"

1991년 슈마허 칼리지가 제임스 러브록의 가이아 이론으로 첫 강의를 연 것은 생태학의 중요성을 알리기 위한 것이었다. 이는 인간과 환경의 관계, 지구 생명체와 지속가능성에 대해 연구하고 교육하겠다는 선언문과 같았다. 제임스 러브록의 가이아 이론은 지구를 하나의 유기체로 보는 관점이다.[44] 당시 과학계에서는 대지의 여신의 이름인 '가이아Gaia'를 붙인 이 학설을 인정하지 않았다. '지구 생명체', '지구의 자가 조절 능력'이라는 말도 당시로서는 대담한 표현일 정도였다. 하지만 제임스 러브록이 1979년에 발표한 논문은 이후에 생태학과 진화론 연구에 커다란 영향을 미쳤다.[45]

슈마허 칼리지의 생태학 교육과정에는 전체론적Holistic 과학과 심층 생태학도 들어있다. 심층 생태학Deep ecology은 아르네 네스Arne Næss에 의해 발전된 것으로 생태계는 유기적으로 작동하고 서로 의존하며 상호 영향을 주는 복합체로 바라보는 학문이다. 여기서 모든 생명체는 고유한 가치를 지니고 있다는 철학으로 이어졌고 모든 존재는 존중되어야 한다는 사회운동으로도 발전하였다. 환경운동 분야에서는 지구를 생명공동체로 여기며 생물 다양성의 보호를 주장하는 것으로 이어졌다. 이렇게 보면 심층 생태학도 전체론적 과학과 연결되고 가이아 이론과도 자연스럽게 이어진다.[46] 그리고 이것은 슈마허 칼리지가 추구

---

44 가이아 이론은 생물권과 지구의 물리적 구성 요소(대기, 빙권, 수권 및 암석권)가 밀접하게 통합되어 있어 하나의 유기체를 이루고 있다고 설명하고 있다. http://environment-ecology.com
45 생태학자들은 생태계 내에서 생물군과 무생물군의 상호작용에 주목해 생물 다양성에 대해 이해할 수 있게 되었다.
46 심층 생태학은 아르네 네스의 사상을 이어받은 스테판 하딩 교수가 전체론적 과학과 함께 연구, 강의하고 있다.

하는 지구 공동체에 담겨 있으며, 사티쉬 쿠마르가 강조하는 '모든 것은 연결되어 있다'는 의미도 함축하고 있다.

슈마허 칼리지는 이러한 생태학 교육의 산실로서 수많은 인재들을 배출했다. 그러나 교육의 목적은 사회에 나가 좋은 일자리를 구하거나 높은 지위를 얻기 위해서가 아니라, 서로를 배려하고 스스로 움직이면서 지혜를 배워나가는 과정, 서로를 존중하는 마음을 배워나가는 것이라고 슈마허 칼리지는 밝혔다. 그동안 슈마허 칼리지를 거쳐 간 학생들은 활동가로, 학자로, 연구자로 거듭났으며, 슈마허 칼리지로 돌아와 학생들을 가르치는 교육자가 되기도 했다. 그들은 슈마허 칼리지의 비전인 지속가능한 생태 공동체를 위해 노력하고 있다.

슈마허 칼리지를 졸업한 후 활동하고 있는 이들 중에는 전환운동의 롭 홉킨스도 있다. 그는 슈마허 서클과 연대하여 '전환 경제학'을 발전시켰으며 슈마허 칼리지에서 이 학문을 가르치고 있다. 이제 지역 경제 시스템과 지역 회복력을 구축하기 위해 시작된 전환운동이 어떻게 로컬 커뮤니티의 사상적 계보를 이어받았는지 살펴보려고 한다. 토트네스 전환마을로 들어가 보자.

Schumacher College

에너지 위기와 기후위기, 그리고 글로벌 경제 시스템
인류가 해결해야 할 위기의 시대를 새로운 기회의 시대로 맞이하자!
주민들은 스스로 에너지 소비와 탄소 배출량을 줄이기 위해 노력했고
아몬드와 사과 나무를 심어 함께 나누었다.
거리마다, 마을마다, 도시마다 전 세계로 확산된
전환운동과 로컬 커뮤니티의 구심점,
토트네스 전환마을을 간다.

4장 토트네스 전환마을

1 토트네스 전환마을을 찾아가다
2 토트네스 전환마을
  - 에너지 위기와 기후위기로 시작된 전환운동
  - 토트네스 전환마을의 선언
  - 과거로 가기 미래로 가기
  - 토트네스 전환 커뮤니티의 힘
  - 전환운동의 핵심은 지역회복력
3 롭 홉킨스의 창조와 상상력의 메시지
  - 아일랜드 킨세일 보고서
  - 미래와 사랑에 빠지는 법
  - 롭 홉킨스와 사상가들
4 지역 중심의 전환 커뮤니티의 힘
  - 토트네스의 사상적 연대
  - 타고르에서 롭 홉킨스까지

토트네스 교구의 세인트 메리 성당

토트네스 역사와 그림지도가 있는 안내문

토트네스 시내의 버터워크

토트네스 시민회관과 광장

토트네스 도서관에서 본 마을 모습

토트네스 하이스트리트의 로컬 카페

토트네스 도서관

토트네스 하이스트리트의 나눔가게

4장 토트네스 전환마을 117

파머스마켓에서 장을 보는 주민들

광장에 열린 파머스 마켓

주말 시장이 열린 마켓 광장의 모습

꽃 화분과 씨앗 파는 가게들

4장 토트네스 전환마을 119

시민회관 2층에 열린 수공예 전시장

유기농 채식 로컬푸드 식당 윌로우

도서관에 전시된 옛 토트네스 거리 모습

"이것이 우리 도시의 이야기입니다.
우리는 스마트 시티가 되고 싶다고 말하곤 했죠.
하지만 이제 우린 전환 도시가 되고 싶습니다."

-벨기에 리에주 시장

1 토트네스 전환마을을 찾아가다

토트네스 마켓 광장The Market Square에서 시장이 열리는 날이다. 오늘은 아침부터 비가 사정없이 퍼부어대기 시작했다. 비드웰 브룩 정류소에서 버스를 기다리는 동안 강물이 급속도로 불어나자 걱정이 되었다. 그때 지나가던 자동차가 갑자기 서더니 운전자가 문을 열고 빨리 타라고 외쳤다. 동네 할머니였다. 친구들과 수제품을 팔기로 했다며 광장 마켓으로 가는 중이라는 할머니는 앞이 안 보일 정도로 내리는 빗속에서 우릴 구해주었다. 잔뜩 들떠있는 할머니를 보며 비 때문에 시장이 안 열리면 어떡하나 걱정이 되었다. 그런데 구시가지 입구에 도착하자 거짓말같이 비가 그쳤다. 하루에도 몇 번씩 바뀌는 게 영국 날씨라지만 참 묘했다. 이미 토트네스 마을 전체는 축제의 분위기로 흥성거리고 있었다.

그리 크지 않은 작은 광장은 파머스 마켓으로 떠들썩했다. 주민들의 의식주 생활을 책임지는 시장은 갓 구운 빵에서부터 채소와 과일, 수산물, 치즈와 햄 등 먹을거리가 풍성했다. 씨앗과 꽃 화분도 팔고, 오래된 농기구나 수리할 수 있는 부품, 옷과 가구까지 진열되어 있었다. 상인들과 농부들은 물품을 진열하며 주민들과 인사를 나누느라 정신이 없었다.

시민회관에 큰 플래카드가 걸려 있길래 올라가보니 수공예 전시회가 열리고 있었다. 강당 안에는 각 진열대마다 수공예품이 일렬로 줄지어 놓여 있었다. 목도리, 장갑부터 털양말, 토시, 모자 등 따뜻한 겨울을 위한 공예품도 보이고 퀼트로 만든 이불까지 다양했다. 독특한 문양과 색채로 만들어져 하나도 똑같은 것이 없었다. 그런데 모두들 물건을 팔려고 하기보다 손으로 계속 작품을 만들고 있었다. 광장의 떠들썩한 장터 분위기와는 또다른 풍경이었다. 공장에서 똑같이 기계로 만들어 사서 쓰는 게 당연해진 오늘날에 이렇게 일일이 손으로 만들어 쓰고 있다니 희귀한 풍경이었다. 사티쉬 쿠마르는 "모든 사람들이 예술가가 되어야 한다."며 예술과 공예의 구분도 없고 물품과 공예도 다르지 않아야 한다고 말했다. 이제야 이곳을 왜 '장인들의 시장The Indoor Artisan Market'이라고 부르는지 알 것 같았다. 상인인지 예술가인지, 시장인지 전시장인지 구분이 안 되었다. 벽에는 옛 시장의 모습을 담은 그림이 걸려 있었는데 지금과 그리 다르지 않다는 것이 놀라웠다. 이러한 풍경을 만날 수 있다는 것만으로도 토트네스는 우리에게 특별한 곳이었다.

2 토트네스 전환마을

에너지 위기와 기후위기로 시작된 전환운동

2005년 토트네스 주민들은 회관에 모여 영화 관람과 토론의 시간을 가졌다. <교외의 종말>[47]과 <커뮤니티의 힘>[48]이라는 두 편의 다큐멘터리에는 각각 부제가 붙어 있었다. '석유 고갈과 아메리칸 드림의 붕괴' 그리고 '쿠바가 피크 오일에서 살아남은 방법'이었다. 주민들은 다큐멘터리를 관람한 후 영화의 메시지가 에너지 위기와 기후위기의 문제를 담고 있다는 걸 알게 되었다.

"우리가 무엇을 할 수 있을까?"

토트네스 주민들은 지금까지 석유를 비롯한 화석연료에 의존하던

---

47 그레고리 그린(Gregory Greene), 〈교외의 종말(The End of Suburbia: Oil Depletion and the Collapse of The American Dream)〉
48 페이스 모건(Faith Morgan), 〈커뮤니티의 힘(The Power of Community: How Cuba Survived Peak Oil)〉

생활방식으로는 에너지 위기와 기후위기를 해결할 수 없다고 생각했다. 그리고 식품, 에너지, 건강, 교통, 주택 문제 등 생활 전반에 걸쳐 새로운 전환이 필요하다는 것을 깨달았다. 같은 고민에 빠진 이웃들과 이야기를 나누던 주민들은 함께 모임을 만들고 정기적으로 모여 토론을 벌였다. 티타임을 함께 나누며 '집에서 에너지 사용을 줄일 수 있는 곳은 없을까요?', '부엌에서 할 수 있는 일을 찾아봐요.'와 같이 일상을 점검했다. 에너지 소비량을 줄이기 위해 플러그를 뽑는 것, 로컬푸드와 제철 식품을 구입하는 것, 음식물 쓰레기를 줄이고 퇴비화하는 것 등을 실천해 보았다.

1년이 지난 후 주민들은 자신들의 활동과 커뮤니티를 직접 소개하고 함께 참여하기를 권하는 축제를 열었다. 페스티벌은 성황리에 끝났고, 데본 시의회가 함께 한 가운데 토트네스는 마을 차원에서 전환운동을 계속해 나갈 것을 선언했다. 이것이 2006년 최초의 전환마을로 탄생한 '토트네스 전환마을 Transition Town Totnes'의 과정이다.

기존의 시스템에 문제가 생겼다면 이를 해결하기 위해서는 새로운 방법이 필요할 것이다. 이를 전환운동에서는 '전환 이니셔티브 Transition initiative'라고 한다.[49] 자신이 살고 있는 환경을 살펴보고 문제점을 해결해 나가려는 사고 과정을 말하는데, 전환운동에서는 이 첫 번째 단계를 매우 중요하게 여긴다. 전환이 필요하다는 의식은 자발적이고 적극적으로 참여하는 원동력이 되기 때문이다. 다음 단계는 같은 문제

---

49 이니셔티브(initiative)는 이전과는 다른 상황에서 문제를 해결해 나가는 새로운 계획 또는 상황을 개선하기 위한 행동이나 전략, 새로운 접근, 해결해 나가는 능력 등을 의미한다.

의식을 가진 사람들과 아이디어를 나누고 실행해 보고 싶을 것이다. 그러면 주민들은 이웃과 함께 '전환 커뮤니티Transition Community'를 만들어 활동할 수 있다. 그리고 커뮤니티 활동을 이어주고 더욱 활성화되도록 '전환 네트워크Transition Network'가 돕고 있다. 토트네스 전환마을은 이러한 과정을 통해 전환운동을 이어갔다.

토트네스 전환마을의 선언

2006년 토트네스는 전환마을로 거듭났다. 주민들은 글로벌 경제 시스템이 지역 경제에 타격을 준다는 사실과 기후위기의 심각성에 공감했다. 주민들은 위기에서 벗어나기 위해 지역 차원에서 해결방안을 모색해 나갔다. 그렇다면 과연 '무엇'으로부터의 전환일까.

앞서 살펴본 대로 토트네스 전환마을은 '피크 오일'에 대한 충격으로부터 시작되었다. 피크 오일 Peak Oil은 석유 생산의 정점을 이르는 말로, 석유의 추출이 최대에 이르러 이후 생산 속도가 줄어드는 시점을 말한다. 석유는 매장량이 한정된 유한한 자원으로, 그동안 지나친 석유 소비로 인해 자원 고갈에 카운트다운이 시작된 것이다.

2006년 콜린 캠벨[50]은 <석유 시대 후반의 여명>이라는 보고서[51]를 발표했다. 그는 보고서에서 지금 인류는 석유 시대의 후반기에 와 있으며 "빨리 마실수록 잔이 더 빨리 비게" 되는 것처럼 피크 오일을 지나 석유 고갈에 과속화 현상이 일어나고 있다고 밝혔다. 게다가 한정된 석유 자원에 비해 에너지를 지나치게 낭비하고 있는 상황에 대해

---

50 콜린 캠벨(Colin J. Campbell)은 영국의 지질학자이자 아일랜드에 있는 〈피크 오일 연구 협회(Association for the Study of Peak Oil)〉의 창립자이다.
51 〈석유 시대 후반의 여명(The Dawn of the Second Half of the Age of Oil)〉 보고서는 〈킨세일 에너지 하강 행동 계획(Kinsale Energy Descent Action Plan)〉에 실려 있는 원문을 인용하였다.

서도 비판했다. 그래서 피크 오일의 시기가 언제인지를 따지기보다는 유한한 석유 에너지에 대해 새로운 인식과 비전을 가지고 장기적으로 준비해야 한다고 강조했다. 그러기 위해서는 지금, 당장 대비를 시작해야 한다고 말했다.

이에 따라 토트네스 전환마을은 세 가지 목표를 세웠다. 지역의 회복력 증가, 에너지 사용 감소 및 재지역화를 통해 지역 경제를 구축하는 것, 재생 개발 추진이다. 먼저 '회복력Resilience'은 외부의 시스템이나 환경으로부터 큰 변화와 충격이 오더라도 흔들리지 않고 빠른 수습을 통해 복원되는 것을 말한다. 글로벌 경제 시스템, 에너지 위기, 금융위기 등으로부터 지역을 보호하여 생태계 관리, 재난 대비, 커뮤니티 회복 등을 갖출 수 있도록 한다.

다음으로 '재지역화Relocalization'는 기존의 로컬 개념을 넘어 생활 전반에 걸쳐 지역중심의 시스템을 이루는 것을 말한다. 즉 식량, 에너지, 상품 등이 지역 내에서 생산과 소비 시스템을 갖추는 것이다. 이는 지역의 식량 안보, 에너지 자립, 지역 경제 시스템의 구축으로 이어질 것이다.

마지막으로 '재생 개발Regenerative development'은 지속가능한 발전을 말한다. 석유를 포함한 화석연료에 대한 의존도를 줄이고 지역 주민과 공공의 이익을 위한 발전을 도모하는 것이다. 지역 경제 시스템을 통해 지역의 지속가능한 발전과 복지를 목표로 한다.

이 세 가지 목표를 통해 알 수 있듯이 피크 오일과 기후 변화의 문제를 해결하기 위해 토트네스가 생각한 대안은 지역화와 회복력을 갖추는 것이었다. 지역 중심의 새로운 기반을 다지고 지역 사회 안에서 순환경제 시스템을 갖추며, 누구에게나 공정하고 평등한 사회를 목표로 하고 있다.

하지만 기존의 석유에 대한 의존도, 글로벌 경제 시스템에서 벗어나 새로운 시스템을 계획한다는 것은 그리 쉬운 일은 아니다. 콜린 캠벨도 "그러나 전환은 어렵고도 어려울 것입니다."라고 했다. 하지만 많은 사람들이 에너지 문제를 인식하고 낭비를 줄일 수 있도록 노력해야 한다고 했다. 그는 인류가 맞이한 위기는 종말 시나리오가 아니므로 좀더 발빠르게 지역 사회를 탄탄하게 구축할수록 미래는 밝을 것이라고 조언했다.[52]

전환운동은 누구나 창의적이고 유연한 사고로 참여할 수 있다. 또 누구나 주체적으로 참여할 수 있다. 석유에 의존하지 않는 생활방식, 탄소 배출을 줄이는 방법, 커뮤니티의 제안, 지원제도의 필요성 등 대부분의 활동은 주민들이 주도해 나간다. 그래서 지역 주민이 스스로 계획하고 실행하며 배워나가는 과정이 바로 전환운동의 가장 큰 힘이다.

---

52 콜린 캠벨, 〈석유 시대 후반의 여명(The Dawn of the Second Half of the Age of Oil)〉 보고서, 2006

과거로 가기 미래로 가기

  전 세계에 불어닥친 에너지 위기와 기후위기의 시대에 마을은 어떤 대비를 해야 할까. 어떤 방법으로 전환을 맞이해야 할까. 주민들은 막연할 것이다. 전환운동 초기에는 미래에 대한 불안이나 두려움보다는 긍정적이고 희망적으로 대비할 수 있도록 다양한 워크숍이 열렸다. 전환 이니셔티브를 위한 단계에서 두 가지 방법을 시행해 보았는데, 바로 '과거'로 돌아가는 방법과 '미래'로 가 보는 방법이었다. 이 흥미로운 방법으로 토트네스 주민들은 좀더 적극적으로 전환운동에 참여하게 되었다.

  먼저 '과거로 가기'이다. 이 워크숍은 에너지가 부족했던 토트네스의 근·현대사를 탐색해 보는 것이었다. 1930년대에서 1960년대까지에 초점을 맞춰 2차 세계대전을 겪었던 약 4,000명의 주민들을 대상으로 당시 지역 경제의 모습과 생활방식을 구술로 채록하는 작업을 진행했다.

> "시장이 열리는 날에는 주변 마을에서 많은 사람들이 몰려들었어. 시장으로 마을이 번창해졌지."

> "음식 부스러기는 하나도 남기면 안 돼. 그때는 음식이 아주 귀했으니까."

"대부분 채소 위주로 먹었지만 건강한 음식이었어."

토트네스 전환마을에서는 앞선 세대가 들려준 이야기를 채록하고 사진과 신문기사 등을 찾아 확인해 나갔다. 과거 지역사회에서는 어떤 경제 시스템이 이루어지고 있었는지, 지역 경제는 어떤 모습이었는지 탐색하는 과정이었다. 또한 자원과 에너지가 부족했던 시절에는 어떻게 마을이 생계를 이어나갔는지도 살펴보기 위해서였다.

그 결과 지역 농장에서 생산한 농산물은 마을이나 가까운 시장에서 사고 팔았으며 지역 내에서 자급자족하는 방식이 많았다는 걸 알게 되었다. 대부분 지역 내에서 일자리가 창출되었는데 오늘날과 비교해 고용률은 더 높았던 것으로 나타났다. 가정에서도 다양한 채소를 재배하고 가축을 길렀는데, 더 이상 먹을거리를 재배하지 않게 된 것은 1960년대 중반으로 나타났다.

"앞으로는 마을에서 밀농사를 지으면 어떨까요? 마을 제분소에서 빻아 그 밀로 협동조합 가게에서 빵을 만들어 마을 사람들에게 팔면 좋지 않겠어요?"

"옛날에는 다 그렇게 하고 살았어요."

"자투리 땅이나 공유지에 과일나무나 견과류나무를 심으면 어떨까요? 마당에 채소도 길러 먹고, 이삭줍기로 가져온 채소로 마을회관에서 다같이 식사를 만들어 먹어요."

"옛날에 우린 다 그렇게 지냈어."

이 워크숍은 꼭 옛날로 돌아가자는 건 아니었다. 누구나 한 번도 겪어보지 못한 새로운 문제가 닥치면 위기의 상황에서 대안을 찾는 대신 당황하고 절망해 포기할 수 있다. 지금까지 화석연료에 의존해 온 생활방식으로는 에너지 위기와 일자리 부족, 식량위기 등의 상황을 어떻게 해결해야 할지 막막할 수밖에 없다. 그래서 이 워크숍은 과거 에너지가 부족했던 시절, 에너지와 자원을 절약했던 생활을 떠올려 봄으로써 위기의 시대에 대처할 수 있도록 돕기 위한 것이었다. 그들에게는 익숙했던 경험이 미래에 적용해 볼 수 있는 아이디어가 되고 변화를 모색할 용기가 될 수 있기 때문이다. 한편으로는 앞선 세대가 젊은 세대와 함께 에너지 절약 방법을 나누며 배움과 공유의 시간도 가질 수 있어 세대를 좁히는 좋은 기회가 되었다.

다음은 '미래로 가기'이다. 2009년에 열린 워크숍에서 주민들은 미래의 누군가의 시점에서 지금 우리 시대를 되돌아보는 글을 써 달라는 요청을 받았다. 미래의 세대들이 지금 우리가 살고 있는 시대를 어떻게 평가할까. 이러한 상상을 시나 편지로 표현해 보는 시간이었다. 다음은 이 워크숍에서 발표한 <나의 할머니>라는 시이다.[53]

> 할머니는 매일 아침 망고를 먹어요.(…)
> 겨울에 딸기를, 봄에는 사과를 먹어요.
> 아마도 많은 걸 누릴 자격이 있는 아주 특별한 사람이었음에
> 틀림없어요.

---

53 이 시는 토트네스 전환마을에서 열린 워크숍에서 발표된 시이다. 출처는 《Transition in Action: Totnes and District 2030, An Energy Descent Action Plan》, 2010

시골에는 별장도 있어요.
스위치만 누르면 난방을 할 수 있어요.
할머니가 말한 게 모두 사실이라면 그녀는 꽤 부자였을 거예요.
우리 할머니의 정원은 당신이 본 것 중 가장 예쁠 거예요.
그래도 할머니는 곡물이나 채소, 콩을 한 번도 재배한 적이 없어요.
땅을 일구거나 옷을 더럽힐 필요가 없었어요.
할머니는 손 하나 까딱하지 않았어요. 그런데 어떻게 그렇게 운이 좋았을까요?

- 지역 시인 로즈Roz

그동안 인류는 값싼 석유에 의존하며 풍요로운 생활을 누렸다. 하지만 대부분 에너지를 낭비한다고 생각하지는 않았다. 누가 재배했는지도 모르고, 어느 계절에 나는지도 모르는 채소와 과일을 비행기로 운송하여 일 년 내내 먹을 수 있었다.

워크숍에서 편지를 쓰는 동안 주민들은 자신들의 생활을 돌아보게 되었다. 잠시 동안이지만 거리를 두고 자신과 사회를 바라보며 에너지 위기와 기후위기, 마을 공동체의 해체 등이 왜 일어났는지 이해할 수 있었다. 나아가 지금, 당장 전환을 시작하지 않는다면 미래에 대한 불안은 더 커질 것이며 위기로 인한 충격도 더 강할 것이라는 생각을 가졌다. 이러한 전환 이니셔티브를 갖게 하는 것이 '미래로 가기'의 목적이었다.

글로벌 경제 시스템 이전, 지역 경제가 중심이었던 시대를 소추함으로써 지역 회복력을 위한 지혜를 나누는 '과거로 가기' 워크숍은 주민들에게 많은 공감을 얻었다. 미래의 시점에서 지금 현재의 모습을 돌아보고 성찰하는 '미래로 가기' 방법도 적극적으로 전환운동에 참여하게 만들었다. 콜린 캠벨이 석유 보고서에서 재차 강조한 것처럼 유한한 화석연료가 끝나기를 기다리는 것보다 지금이라도 전환의 기회와 방법을 찾아가는 것이 가장 중요하다는 것을 토트네스 주민들은 알게 된 것이다. 또 정부가 새로운 정책을 시행할 때까지 기다리기보다는 지역에서 이웃들과 먼저 시도하는 것이 가장 빠른 방법이라고 판단했다. "거대한 것, 빨리 가는 것, 강력한 것을 숭상"하기보다는 그 대신 "작은 것이 아름답고 느리게 가야 하고 연약함을 감싸 안을 때 전환이 된다는 것"을 이해하게 되었다.[54] 주민들은 주체적이고 자율적으로 커뮤니티 활동을 시작하게 되었다.

---

54 조한혜정, 《선망국의 시간》, 사이행성, 2018

토트네스 전환 커뮤니티의 힘

토트네스에는 가든 트레일Totnes Garden Trail이라는 프로그램이 있다. 우리는 광장에 있는 안내소에서 지도를 받아 가든 커뮤니티를 둘러보러 나섰다.

시민회관 뒤쪽으로 나 있는 리치웰 레인Leechwell Lane을 시작으로 남쪽 방향으로 걸어가니 작은 히스 가든Heath's Garden이 나왔다. 이곳은 예전 시장에 있던 히스 종묘장의 자리라고 한다. 그후 주차장으로 바뀌었지만 마을 주민들의 노력으로 한편에 작은 가든 커뮤니티가 만들어졌다. 덕분에 옛 히스 장터와 종묘상에 대한 지역 역사기록도 복원되었다.

좀더 내려가 곧바로 리치웰 가든을 만났다. 고대 과수원 부지였던 정원에 들어서니 아치형의 나무문 뒤로 작은 오솔길이 나 있었다. 리치웰 가든에는 데본에서 가장 오래된 고대 우물Well이 있다. 지금도 마르지 않고 흐르고 있는 토트네스 지역의 귀한 물줄기이다. 리치웰 가든도 주민들의 노력으로 조성된 곳이다. 사우스 햄이 인수한 부지가 2003년에 개발 대상이 되자 주민들은 "우리의 공간을 구하자Save Our Space"라는 공유지 캠페인을 벌였다. 공공장소를 커먼즈로 보호하는 단체 <로컬리티Locality>의 도움을 받았다.[55] 이 캠페인을 진행하는 동안 주민들은 직접 덤불을 걷어내고 나무를 심어가며 정원을 만들었다. 아이들도 참여해 생태놀이터를 완성했다. 무분별하게 개발될 뻔한 공간을 '모두의 정원'으로 만든 주민들의 노력이 리치웰 가든의 아름다움 속에 녹아 있었다.

세 번째 가든을 찾아가는 도중에 비가 제법 내리기 시작했다. 어느새 길 이름이 램 거리로 바뀌어 있었다. 그러자 낙농업이 성행했던 토트네스에서 예전 양을 사고팔던 시장이었다는 램 가든 The Lamb Garden이 보였다. 옛 경매 사무실이었던 벽돌 건물 옆으로는 채소를 키우는 텃밭 상자들이 놓여 있었다. 토트네스 전환마을이 대학이나 기관들과 연계해 포레스트 가든을 진행하고 있다. 이는 나무와 텃밭과 정원을 함께 가꾸는 생태농법이다.

가든 트레일을 걷고 난 후 토트네스의 전환 커뮤니티 중에는 가든을 중심으로 하는 활동이 많다는 걸 알게 되었다. 주로 비어있는 장소나 폐허가 된 곳을 찾아 공유지로 조성하고 정원과 텃밭을 함께 가꾸는 방식이다. 묘원이나 교회 옆 공간 등에는 할당 텃밭으로 허브와 채소를 재배하고 있다. 또 기차역 옆으로는 과일나무나 견과류를 심어 누구나 열매를 따서 먹을 수 있도록 가꾸었다. 마을에서 노인들이 가꾸기 힘든 정원이 있으면 주민들이 찾아가 원예 프로그램을 진행했

---

55 〈로컬리티〉는 지역 사회에서 커뮤니티가 활성화되도록 지원하는 잉글랜드의 비영리조직이다. 공공소유 건물과 공간을 확보하고 커뮤니티의 중심으로 되돌려 다음 세대를 위해 보호하기 위해 노력하고 있다. https://locality.org.uk/

다. 이렇게 토트네스 커뮤니티에는 폭스홀 커뮤니티 가든, 펀 뱅크 커뮤니티 가든, 폴라톤 커뮤니티 가든, 리치웰 커뮤니티 가든, 버러우 파크 라커리, 스티머 퀘이 인크레더블 에더블 등이 있다.

롭 홉킨스는 한 강연에서 아몬드의 수확을 자랑스럽게 말했다. "누구나 마트로 가지 않고도 문을 열고 사과나 아몬드를 딸 수 있습니다." 가든 커뮤니티는 지역 경제 활성화를 위한 텃밭 프로그램으로 시작되었지만, 공유지를 넓혀가면서 커뮤니티가 활성화되자 주민들의 참여도가 매우 높아졌다. 지역 공동체는 그동안 "사라진 공공의 영역을 되찾아오는 일, 즉 커먼즈를 회복하는 일"에 주력하고 있다. "주민들이 함께 소유하고 생산하고 관리해 온" 지역의 공유지가 축소되면 필요한 재화와 서비스는 일일이 시장경제에 의존할 수밖에 없어진다.[56] 그래서 토트네스 전환마을에서는 공유지와 공유공간을 넓혀나가고 이를 중심으로 커뮤니티 활동을 이어나갔다. 주민들은 더 적극적으로 참여하면서 지역에 대한 소속감도 높아졌다. 이렇게 함께 생산하고 나누는 지역 경제는 시장경제나 세계화의 바람에도 이겨내는 탄력있는 사회로 이끌어 줄 것이다. 더불어 모두에게 열린 기회와 공유의 문화로 자리잡을 것이다.

토트네스 전환마을 설립 후 커뮤니티 활동을 지원하기 위해 설립된 전환 네트워크Transition Network는 세계 어느 곳에서든 내가 사는 거리에서 이웃과 함께 커뮤니티 활동을 시작하는 것을 가능하도록 만들었다.

---

56 신지혜 외, 《기후 돌봄》, 산현글방, 2024

또한 각각의 전환 커뮤니티가 다른 그룹과 공유할 수 있도록 돕고, 영감을 주고 받을 수 있도록 지원하고 있다. 이렇게 다양한 커뮤니티들이 서로 교류하고 연대할 수 있는 것이 전환운동의 가장 큰 매력이자, 널리 확산될 수 있었던 이유일 것이다.

롭 홉킨스는 《트랜지션 핸드북》에서 전환 커뮤니티의 역할을 '프로젝트를 지원하는 프로젝트'라고 했다.[57] 전환 이니셔티브를 갖춘 주민들이 지역에 필요한 아이디어가 있으면 언제든 전환운동에 프로젝트를 신청할 수 있다. 그러면 이 프로젝트를 달성할 수 있도록 여러 분야에서 지원하는 업무가 진행된다. 이러한 과정을 통해 전환 커뮤니티가 만들어지고 활성화된다.

전환 커뮤니티는 내가 사는 곳에서 시작하기 때문에 지역적 특성을 반영하고 있다. 마을이 지닌 역사와 문화, 기후와 생태, 경제구조 등 무수히 다른 변수에 따라 커뮤니티를 만들어 진행하게 된다. 그래서 모든 전환 커뮤니티는 독창적이다. 또한 프로젝트가 성공하느냐 실패하느냐는 별로 중요하지 않다. 모두가 처음 시작하는 것이기 때문에 성공했다면 왜 성공했는지, 우리 마을과 맞지 않다면 주민들과 대화하고 수정해 나가는 과정이 훨씬 더 중요하다. 그래서 전환운동의 또 다른 장점은 모든 것이 배움의 과정이라는 것이다. 이러한 과정에서는 주민 한 사람 한 사람의 참여가 중요하며 결과적으로 집단적인 창

---

[57] 토트네스 전환마을은 초기에 서호주 가이아 재단의 존 크로프트로부터 "프로젝트 지원 프로젝트(PSP)"의 교육을 받았다. 가이아재단은 소규모 그룹으로 공유된 원칙을 바탕으로 한 프로젝트를 지원한다. https://gaiafoundation.org/

조력이 마을을 이끌어 나가게 된다. 그래서 전환 네트워크에는 오늘도 전 세계의 수많은 커뮤니티 활동이 계속 올라오고 있다. 천 개의 마을에는 천 개의 이야기가 필요하다. 이를 통해 주민들이 서로 탄탄하게 연결되고 건강한 주민 그룹을 만들어나가는 것이 전환운동의 취지이다.

전환운동의 핵심은 지역 회복력

 전환운동은 급변하는 에너지 위기와 기후위기 속에서도 더 나은 미래를 만들 수 있다는 긍정적인 인식이 중요하다. 지역 농업과 식량 생산 체계의 재건, 에너지 생산의 현지화, 인력 중심의 경제, 의료 서비스의 재고, 제로 에너지 건축, 지역 내에서의 폐기물을 관리 등 모든 분야에서 전반적인 전환이 필요하다. 이는 지역 경제 시스템을 중심에 두고 지역의 회복력을 키워나가기 위해서이다. 이러한 외적인 전환과 함께 내적인 전환도 필요하다. 석유 위기와 글로벌 경제위기가 가져온 경제적 불안과 소외감 등 심리적 문제도 회복할 시간이 필요하다. 그리고 새롭고 긍정적인 사고로 전환할 수 있도록 서로 돕는 관계를 마련해야 한다. 그렇게 본다면 전환운동은 통계로 나타난 지역 경제의 발전보다 공동체의 회복이 더 중요하다.

 지역의 내적, 외적 회복력에 모두 도움을 준 전환 커뮤니티 중에서 전환 스트리트와 푸드 인 커뮤니티를 살펴보려고 한다. 토트네스 전환마을에서 가장 활성화된 커뮤니티이다.

 먼저 전환 스트리트Transition Street는 화석 연료에 대한 의존도를 줄이기 위해 시작한 커뮤니티이다. 토트네스 주민들이 에너지 소비도 줄이고 탄소 배출도 감량하기 위해 이웃과 함께 시작한 프로젝트이다. 각 가정에서는 물과 에너지의 사용을 최소화하고, 쓰레기를 줄이는 생활방식을 실천했다. 나아가 대중교통과 로컬푸드의 이용 등에도 관심을 가지며 지역 사회에 미치는 영향을 살펴보았다.

2011년 보고서에 의하면 전환 스트리트는 468 가구가 참여해 총 266,760 파운드의 에너지 절약과 608톤의 탄소배출량을 감소시키는 결과를 가져왔다. 즉 가구당 연간 570 파운드의 에너지를 절약하고, 1.3톤의 탄소배출이 감소된 것을 의미한다. 이는 각 가정의 생활비와 지역 경제에도 큰 도움이 되었다. 이러한 결과는 주민들의 생활 속 작은 실천을 통해 이루어낸 결과로는 믿기 어려울 만큼 놀라운 성과였다. 이후 토트네스에서는 보조금 지원사업으로 태양광 발전 시스템도 갖추게 되었다. 이러한 주택의 경우 연간 약 400~800파운드의 수입과 0.4~0.7톤의 탄소배출 감소라는 효과를 가져왔다. 이 프로젝트는 여러 수상도 이어졌는데, 상금은 태양광 PV 시스템을 위한 보조금으로 쓰였다. 그리고 일부는 전환 스트리트 커뮤니티를 시작하려는 다른 도시에 지원하였다.

전환 스트리트는 에너지 위기와 기후위기의 해결을 위해 성공한 커뮤니티의 모델이 되었을 뿐 아니라 커뮤니티의 내적인 변화도 일어났다. 전환 스트리트 커뮤니티를 진행하면서 실시한 설문지를 살펴보면, 의외로 에너지 위기와 기후위기를 위해 활동했다는 의견보다는 이웃과 친해지고, 이웃을 더 많이 알게 되어 기뻤다는 내용이 많았다. 이웃과 함께 나누며, 자신이 살고 있는 지역에서 무언가를 할 수 있어서 좋았다는 의견이 대부분이었다. 전환운동을 통해 한 마을에서 에너지를 절약하고 탄소를 절감한 것도 세계를 놀라게 했지만 지역 공동체가 소속감과 결속력으로 탄탄해졌다는 것, 새로운 가능성에 대해 서로 긍정적인 힘을 갖게 되었다는 것은 더욱 놀라운 변화였다. 서로 격려하고 돕는 것, 이것이 지역 회복력을 위한 커뮤니티의 힘이었다. 무엇보다 전환운동에 있어서 "에너지 재생과 더불어 소통과 관계의 재생"이 가장 중요하다는 것을 알 수 있는 부분이었다.[58]

토트네스 전환 커뮤니티 중 수상 경력이 있는 푸드 인 커뮤니티Food in Comminity는 2013년 토트네스 주민 로렐 엘리스와 데이비드 마크슨의 아이디어에서 시작되었다. 처음에는 영국의 이삭줍기 운동의 일환으로 지역의 들판에서, 마켓의 진열대에서 상품이 되지 못해 버려지는 농산물을 모아서 식품 상자를 만들기 시작했다. 토양과 태양의 영양분을 듬뿍 받은 건강한 농산물임에도 불구하고 기준에 못 미친다는 이유로 버려지고 있는 과일과 채소가 너무 많았던 것이다. 즉, 크기가 작거나 너무 크거나, 원만한 형태가 아니거나 보기 좋은 색상을 띠지 않는다는 등의 이유로 말이다. 이런 관행화된 식품 체인망에서 제외된 농산물을 구제하기 위해 푸드 인 커뮤니티를 시작했다. 이때 유럽연합은 음식물 쓰레기의 문제를 해결하기 위해 노력하고 있었다. 밭에서 자란 농작물의 40퍼센트가 소비자의 손에 가지도 못한 채 버려지고 있었다는 사실은 모두에게 충격이었다. 푸드 인 커뮤니티는 식품 체인망의 문제와 음식물 쓰레기의 문제를 동시에 해결한 것이다.

---

58 조한혜정, 《선망국의 시간》, 사이행성, 2018

자원 봉사자들은 구제한 농산물로 식품 상자를 만들었다. 1년 52주 내내 쉬지 않고 사우스 데본 전역에 있는 소외된 사람들에게 채소와 과일을 배달해 왔다. 토트네스의 도서관 입구에 있는 센터에서는 직접 음식을 만들어 점심 식사를 나누는 행사도 열었다. 커뮤니티 회원들은 무엇보다 지역 사회 주민들과 음식을 나눈다는 것에 더 큰 의미를 두었다. 커뮤니티의 봉사자들은 지역 사회에서 신뢰를 쌓아가고 지역의 회복력을 굳건히 하는 데에 따뜻한 음식만큼 중요한 것은 없다고 말했다.

푸드 인 커뮤니티의 활동은 여러 수상 소식을 안고 왔다. 2019년 옵서버 푸드 Observer Food Monthly 어워드에서 "최고의 윤리적 식품 프로젝트 운영자 Best Ethical Food Project runner"로 선정되어 수상했다. 또 비영리 단체로서는 영국 최초로 혁신적 커뮤니티 비즈니스 Transformative Community Business 부문에서 우승을 차지하였다. 음식물 쓰레기의 감소를 위해 노력한 결과는 '에코웨이스트 포 푸드 EcoWaste4Food'에서 모범사례로 평가받았다. 푸드 인 커뮤니티는 다른 도시와 거리로 퍼져 나갔다. 자신의 지역에서도 잉여 농산물과 소외된 이웃이 있다는 걸 알게 되었기 때문이다. 지역의 농산물을 구하고 쓰레기로 낭비하지 않는 이 멋진 방법은 점점 더 확산되고 있다.

이를 통해 전환운동은 정책이나 정부의 지원으로 실시되는 마을 재생사업과 다르다는 걸 알 수 있다. 전환운동은 주민들이 스스로 계획하고 적극적으로 활동할 때 지역에 속해 있다는 소속감, 함께하면 마을을 위해 무언가를 할 수 있다는 결속력이 강해진다는 것도 알 수 있었다. 전환운동의 핵심은 지역 공동체의 회복이다. 토트네스 전환마을은 자생력을 갖춘 하나의 모델로서 전 세계 수많은 마을과 도시에 희망의 메시지를 전하고 있다.

이제 지구상의 모든 인류는 에너지 문제와 기후위기로부터 벗어날 수 없다. 하지만 이런 암울하고 어두운 미래를 오히려 기회로 삼아 긍정적이고 현실적으로 해결하려고 하는 자세가 전환의 중요한 출발점이었다. 이러한 토트네스 전환마을의 희망적 메시지를 <웨스트 모닝 뉴스>에서는 "기후 변화 논쟁에 대한 흥미로운 반전"이라고 했다.

3 롭 홉킨스의 창조와 상상력의 메시지

아일랜드 킨세일 보고서

토트네스 전환마을을 통해 전환운동이 널리 알려졌지만 그 씨앗은 아일랜드 킨세일 보고서로부터 시작되었다. 오랫동안 퍼머컬처를 공부하고 교육활동을 해 오던 롭 홉킨스는 아일랜드의 킨세일 추가 교육대학Kinsale further education college[59]에서 '실용적인 지속가능성practical sustainability' 학과를 개설하게 되었다. 이는 퍼머컬처를 강의하는 최초의 2년제 과정이었다. 그러는 사이 롭 홉킨스는 피크 오일과 기후 변화에 대한 뉴스를 접하고 충격을 받았다. 미국 에너지부는 2005년 보고서를 통해 가까운 미래에 세계 석유 생산량은 정점을 맞이할 것이라고 발표했다.

롭 홉킨스는 자신이 강의하고 있던 퍼머컬처가 에너지 위기와 기후

---

59 추가 교육 대학은 중등 교육 이후의 모든 연구 및 교육활동을 하는 기관을 말한다. 추가 교육 대학은 16세부터 모든 연령대의 학생들이 다닐 수 있다.

변화의 문제에 대한 해답을 줄지도 모른다고 생각했다. 그는 킨세일의 학생들과 함께 석유에 의존하지 않는 생활을 계획하는 프로젝트를 진행했다. 그 결과물이 <킨세일 에너지 하강 행동 계획 Kinsale Energy Descent Action Plan> 보고서이다. 여기에는 지속가능한 미래를 위하여 '비전 2021'을 세우고 석유 중심의 에너지 소비를 줄이기 위한 구체적인 계획이 들어있다. 에너지, 식품, 건강, 교육, 경제 및 농업 등 다양한 영역에서 지역 중심의 시스템으로 전환하기 위한 내용이 담겨있다.

잠시 식품 분야의 구체적인 내용을 살펴보자. 당시 아일랜드는 미식의 수도라고 불리지만 사실 소비되는 식품의 90% 이상을 수입에 의존하고 있는 상황이었다. 지역에서 생산되는 농산물은 거의 없어 토양은 척박했고 주로 장거리 유통과 수입품에 의존하는 바람에 에너지 소비량이 높았다. 결과적으로 유가 상승과 석유 고갈로 인한 에너지 위기의 시대에 킨세일의 식량 안보는 빨간 경고등이 켜져 있는 상태였다. 이에 대해 롭 홉긴스와 학생들이 세운 '비전 2021'에는 식량의 존에서 자립으로 전환된 지역의 모습이 그려져 있다. 지역에서 먹을거리가 생산되고 소비되었으며 탄소발자국이 줄었고 폐기물도 줄었다. 건강한 음식은 건강한 사회를 만들어 주었으며 지역 경제가 회복되었다. 킨세일에서 선택한 '비전 2021'은 식량 안보에 비상등이 켜진 상태로 불안과 재앙의 디스토피아를 맞이해야 할지, 아니면 모두가 바라는 미래의 모습을 계획하고 지금부터 행동으로 옮겨야 할지를 보여주는 좋은 예가 되었다. 이렇게 에너지 문제와 지속가능한 미래에 대해 구체적으로 작성한 문서는 사실상 처음이라고 한다. 그래서 킨세일 시의회에서는 이들의 보고서를 채택하여 2005년부터 본격적인 시행에 들어갔고 2007년에는 슬로우푸드 타운 계획을 세워 활동을 이어나갔다. 2021년 미래 보고서에 담겨있던 상상지도는 현실이 되었다. 아일랜드 킨세일은 또다시 미래의 연간계획을 수립하고 2030과 2050을 향해 나아가고 있다.

아일랜드에서 토트네스로 온 롭 홉킨스는 주민들과 함께 전환 커뮤니티를 만들어 진행했고 최초의 토트네스 전환마을을 선언했다. 아일랜드 킨세일 보고서를 발전시켜 2010년 《행동으로 전환하기: 에너지 하강 행동 계획 Transition in Action : Energy Descent Action Plan》을 출간했다. 석유 의존의 시대에 지역의 회복력을 갖추기 위한 여러 실용적인 방법들이 풍부하게 담겨 있다. 또한 주민들과 함께 한 워크숍, 강연, 커뮤니티 활동, 2030을 향한 비전도 들어있다.

미래와 사랑에 빠지는 법

"나는 스트로베일 소재로 지어진 집에서 푹 자고 일어납니다. 15년 전 도시 전체에 걸쳐 지속가능한 건축 이니셔티브의 일환으로 지어진 3층 높이의 주택단지는 난방비가 거의 들지 않습니다. 지하에는 모든 건물의 화장실을 위한 퇴비화 장치가 있으며, 지붕 위의 태양광 패널은 건물에 필요한 모든 전기를 생산합니다.

나는 아이들을 깨워 옷을 입히고 밥을 먹인 후 학교까지 데려다 줍니다. 학생들이 직접 심고 관리하는 공동텃밭을 지나 학교에 들어섰습니다. 건물 안에는 빵 굽는 냄새와 행복한 아이들의 재잘거리는 소리가 가득했습니다. 아이들을 학교에 보낸 후 공공 자전거를 타고 자전거 전용도로 중 하나를 이용해 시내로 이동합니다. 도로에 자전거가 많아지고 자동차가 줄어들면서 공기의 질이 많이 좋아졌고 공중 보건도 개선되었습니다.

빵을 사기 위해 단골 빵집에 들립니다. 이 빵집은 지역 농산물을 이용해 빵을 만들고, 옥상에서 텃밭을 가꾸며, 자전거를 이용해 시내 곳곳에 배달합니다. 약 10년 전에 문을 닫은 이 지역의 마켓 중 하나를 지나갑니다. 이 건물은 용도가 변경되어 다양한 로컬 푸드 가공업체, 소규모 제조업, 지역 학교와 연계된 교육 센터가 되었습니다. 다른 옛 슈퍼마켓 자리에는 현지에서 재배한 곡물을 가공하는 방앗간과 현지에서 수확한 목재를 가공하는 제재소가 있습니다. 광대한 주차장이었던 곳은 집약적인 텃밭이 되어 지역 시장에 로컬 푸드를 공급하고 있습니다."[60]

-롭 홉킨스

---

60 롭 홉킨스, 《From What is to What If》, Chelsea Green Publishing, 2019

현실일까, 판타지의 세계일까? 최근 롭 홉킨스는 세계의 여러 전환도시들을 방문하여 '미래에 가 봤어 I've been to the future'라는 강연을 진행하고 있다. 지금 우리에게는 미래에 대한 상상의 에너지가 필요하며, 상상하는 과정을 거칠수록 미래에 대한 희망과 기대가 더 커진다는 내용이다. 석유에 의존하던 세대에게 미래는 디스토피아로 그려진다. 석유의 고갈과 기후위기로 암울한 미래에 대해 불안을 느낄 수밖에 없을 것이다. 하지만 우리가 맞이할 미래의 모습이 지금보다 더 깨끗한 환경을 누구나 누릴 수 있다고 한다면 설레는 마음으로 기다려지지 않을까. 미래의 상상지도는 허황된 세계가 아니라 생활 전반에 걸쳐 지속가능성을 갖춰나가는 구체적인 계획이다. 그리고 상상지도가 현실이 되기 위해서는 어떤 문제점을 안고 있는지, 무엇을 해결해야 할지 알 수 있게 된다. 그래서 우리가 무엇을 할 수 있을까 구체적으로 계획해 볼 수 있다.

롭 홉킨스의 '미래와 사랑에 빠지는 법' 강연은 그가 지금까지 강조한 창조와 상상력의 메시지와 이어져 있다. 오늘날 토트네스 전환마을의 풍경은 그가 2005년 작성한 <토트네스 에너지 하강 계획>에서 계획한 미래의 모습과 그리 다르지 않다. 당시 롭 홉킨스는 미래(2021년)에 우리가 살아갈 세상은 어떤 모습일까를 상상해 보았다. 그 상상지도는 구체적인 내용으로 정리되어 보고서로 만들어졌다. 막연한 계획이 아니라 매년 활동내용을 세워 체계적으로 작성했다. 그때의 내용 중에는 지역에서 생산한 먹을거리를 마을 사람들이 소비하고, 마을에서 텃밭 채소와 과일나무를 심어 자급자족하는 모습이 들어있다.

장기적으로 지역 공동체가 회복되고 지역 경제가 되살아나는 모습도 담겨있다. 바로 오늘날 토트네스 전환마을의 모습이다. 이렇게 우리가 살아갈 미래를 상상하고 미래와 사랑에 빠지는 방법은 전환운동이 주민들의 적극적인 활동으로 지역 회복력을 갖추는데 가장 큰 에너지를 불어넣어 준다.

2006년 9월 롭 홉킨스는 나레쉬 장그란데Naresh Giangrande와 토트네스 전환마을Transition Town Totnes을 공동 설립했다. 2007년에는 다양한 커뮤니티 활동을 지원하고 연대할 수 있도록 전환 네트워크Transition Network도 설립했다. 또한 롭 홉킨스는 많은 강연을 통해 전환운동을 알렸다. 저술 활동도 이어졌는데, 2008년 출간한 《트랜지션 핸드북: 석유 의존에서 지역 회복력으로》[61]는 그 해 여름, '하원의원이 휴가를 보내며 읽은 책' 중 다섯 번째로 인기 있는 책으로 선정되었다.

그후 롭 홉킨스는 전환운동의 새로운 제안을 담아 《From What Is to What If》를 출간했다. 이 책에는 피크 오일과 기후 변화에 대응할 무기로 '상상력'을 꼽았다. 누구든 '만약에'라는 상상력을 가진다면 전환 이니셔티브를 갖추고 전환 커뮤니티를 만들어 볼 수 있다는 것이다. 인류의 문제를 해결하기 위해 가장 중요한 시작은 상상의 힘을 통해 우리가 원하는 새로운 방식으로 미래를 창조하려는 자세가 필요하다는 것을 전하고 있다.

---

61 롭 홉킨스, 《The Transition Handbook : From Oil Dependency to Local Resilience》, Chelsea Green Publishing, 2008

전작에 이어 "What If To What Next" 프로젝트도 트위터와 블로그를 통해 2주마다 한 번씩 열었다. 이웃과 명사들을 초대하여 팟캐스트 시리즈를 이어갔는데 역시 다방면에서 '상상력의 힘'을 끌어내기 위한 방법이다. 첫 에피소드부터 기발한 상상의 힘이 폭발했는데, '새 지저귐이 교통 체증을 없애 버린다면'이 주제였다.[62]

토트네스가 지역화폐를 사용한 최초의 마을이 되었을 때도 롭 홉킨스는 이 새로운 아이디어에 대해 "Why not(왜 안 되겠어)?"라고 반응했다.[63] 이렇듯 긍정적 마인드가 전환운동의 큰 힘이라고 늘 강조해 왔다. 그는 인류에게 위기의 경고등이 켜진 것은 몰락을 의미하는 것이 아니라 그동안 석유 에너지에 의존했던 시대에 작별을 고하고 좀 더 나은 세상을 설계할 때라고 말하며, 우리가 살아온 시대에 문제가 있다면 새로운 설계를 통해 회복할 수 있다고 전하고 있다. 그리고 미래를 '계획'하는 것은 명확하고 구체적인 설계도를 그리는 것과 같으며, 밝고 긍정적인 미래를 '상상'하는 것은 주민들이 주체적이고 적극적으로 활동하게 만드는 원동력이라고 힘주어 말한다.

이렇게 긍정적 마인드를 전하는 롭 홉킨스를 세계의 많은 사람들은 '기후 낙관주의 Climate Optimism'를 가진 활동가라고 부르고 있다.[64]

---

62 롭 홉킨스의 팟캐스트는 100개의 에피소드로 2021년 종료되었다. https://www.robhopkins.net/
63 다큐멘터리 〈내일(Demain)〉, Cyril Dion and Mélanie Laurent, 2015. 롭 홉킨스는 이 다큐멘터리에 출연해 최초의 지역화폐인 토트네스 파운드를 소개했다.
64 롭 홉킨스가 진행했던 "From what if to what next"의 팟캐스트 이후 영국작가 스콧 스니브(Scott Snibbe)가 그를 '기후 낙관주의자'라고 언급했다.

"롭 홉킨스는 미래를 꿈꾸는 중심에 상상력을 놓고, 우리에게 더 큰 꿈을 꾸고 그 꿈을 현실로 만들도록 하는, 거부할 수 없는 초대로 이끕니다."[65]

- 케이트 레이워스

---

65 롭 홉킨스의 발간예정인 《How to Fall in Love with the Future》에 대해 케이트 레이워스가 언급한 말이다. https://www.robhopkins.net/

롭 홉킨스와 사상가들

롭 홉킨스는 《트랜지션 핸드북》에서 파키스탄 북부의 훈자를 여행한 경험을 들려주었다.[66]

> "저는 화석 연료 파티가 한창일 때 영국에서 자랐습니다. 사회가 끊임없이 회복력의 흔적을 지우려고 하고 기회가 있을 때마다 새로운 아이디어를 폐기하던 시절이었습니다. 시골 사람들을 '바보'로, 전통을 '구식'으로 여기며, 성장과 진보는 '불가피'한 것으로 몰아가는 문화에서 자랐습니다. (훈자의) 외딴 계곡에서 저는 정확히 무엇인지 알 수는 없었지만 회복탄력성, 즉 무한한 기능성과 한계 내에서도 살아갈 수 있는 능력에 기반한 문화, 그리고 그렇게 함으로써 번성할 수 있었던 문화에 대해 열망을 느꼈습니다."

롭 홉킨스는 에너지 위기와 기후위기의 시대에 지역 회복력에 주목했다. 그는 화석연료에 의지한 글로벌 산업 경제 시스템은 기후위기와 밀접한 관계가 있으며 이는 금융위기와 맞물려 드러난 불공정하고 불평등한 사회문제를 낳았다고 분석했다. 그래서 그는 훈자에서 본 마을이 탄탄한 지역 회복력을 갖추고 있었음을 떠올렸다. 지역에서 생산한 에너지, 지역에서 생산한 먹을거리, 지역 일자리 등이 분명 그 대안이 될 수 있었다.

---

66 롭 홉킨스, 《The Transition Handbook: From Oil Dependency to Local Resilience》, Chelsea Green Publishing, 2008

토트네스에서 마을을 중심으로 재생운동과 지역경제의 회복을 위해 노력한 사상가들을 만나보았다. 역사적으로 타고르에서 롭 홉킨스까지 시대적 위기상황에 해결책을 마련하고 대안을 실험했던 사상가들이었다. 그들에게서 오늘날 전환운동에서 핵심으로 둔 '지역 회복력'의 사상적 계보를 찾을 수 있었다. 또한 인류의 과제인 에너지 위기와 기후위기의 시대를 위해 연구한 동시대의 많은 학자들도 전환운동에 많은 영향을 주었다. 롭 홉킨스는 이들의 연구를 어떻게 지역에서 실현시킬 수 있을지 많은 고민을 했다. 그가 사상적 연대와 교류를 통해 전환운동을 글로벌 운동으로 한걸음 더 나아갈 수 있도록 노력한 과정을 살펴보자.

▶ 퍼머컬처와 데이비드 홈그렌

롭 홉킨스는 전환운동의 토대로 퍼머컬처를 꼽았다. 퍼머컬처는 전환운동을 뒷받침하는 설계도이자, 지역의 요소들을 하나로 묶는 토대라고 강조했다. 그는 오랫동안 퍼머컬처를 공부하고 가르쳐왔으며, 자신처럼 퍼머컬처를 따르는 사람들은 누구보다도 전환운동의 개념을 잘 이해할 수 있을 거라고 했다.[67] 그 이유는 퍼머컬처의 원칙이 지역의 회복력을 추구하는 것이기 때문이다. 전환운동은 피크 오일의 충격으로부터 시작되었고 기후위기의 문제와 떨어져 생각할 수 없다. 그렇다면 반드시 에너지 하강문제를 해결해야 한다. 에너지 위기가

---

67 롭 홉킨스, 위의 책

가져오는 외부적인 충격은 지역 경제에 큰 타격을 가져오기 때문에 회복력 있는 지역 공동체를 만드는 것이 전환운동의 목표이다. 이는 퍼머컬처가 추구하는 바이기도 하다.

퍼머컬처의 공동설립자인 데이비드 홈그렌David Holmgren은《퍼머컬처》를 출간했다.[68] 이 책의 부제처럼 '지속가능성을 넘어서는 원리와 경로'를 통해 퍼머컬처를 재조명했고, 이 개념은 피크 오일 이후 세계 인류의 문제를 해결하는데 중요한 사상이 되었다. 무엇보다 지속가능한 지역을 구축하고 회복력을 추구하는 것이 바로 퍼머컬처의 기본원리이다.

> "퍼머컬처는 생태원칙들에 기반을 둔 설계체계로 영구적이거나 지속가능한 문화를 실행하는 데 필요한 생태원칙들을 제공하는 구성 틀이다. (…) 우리에게 의존적인 소비자에서 책임있는 생산자로서 변모할 수 있는 힘을 불어넣기 위해, 재발견되고 발전할 필요가 있는 다양한 기술과 생활방식들을 결합시켜준다. 이런 점에서 퍼머컬처는 단지 경관을 말하는 것이 아니며, 유기농 텃밭 가꾸기 기술, 지속가능한 농법, 에너지 효율적인 건축, 생태마을 개발만을 말하는 것도 아니다. 지속가능한 미래를 향해 개인, 가정, 지역공동체가 펼치는 노력들을 설계, 구축, 관리, 향상시키는데 사용될 수 있는 모든 것을 말하고 있다."
>
> – 데이비드 홈그렌,《퍼머컬처》

---

68 데이비드 홈그렌,《퍼머컬처: 지속가능성을 넘어서는 원리와 경로》, 보림, 2014. 이 책은 1970년대 빌 몰리슨과 함께 퍼머컬처의 개념을 세운 데이비드 홈그렌이 25년간의 아이디어를 12개의 단순한 디자인 원칙으로 통합하여 발매한 책이다.

퍼머컬처는 지속가능한 영구농법에서 시작했지만 생태 공동체를 통해 조화로운 삶을 추구하는 방향을 모색한다. 데이비드 홈그렌의 정의처럼 퍼머컬처의 진정한 비전은 개인과 가정을 넘어 지역 커뮤니티가 지속가능한 미래를 위해 설계, 구축해 나가는 것이다. 롭 홉킨스가 피크 오일과 기후위기의 해결을 퍼머컬처에서 찾은 이유도 진정한 지역 커뮤니티의 설계와 구축이 중요한 문제였기 때문이다. 전환 네트워크는 '우리의 세계를 재구상^{reimagine}하고 재건^{rebuild}하기 위해 함께 모인 커뮤니티 운동'으로 소개하고 있는데 이는 퍼머컬처의 가치 및 비전과 이어지고 있는 부분이다. 나아가 전환운동은 퍼머컬처보다 더 현실적이고 지역적인 개념으로 주민들에게 가까이 다가가기 위해 노력하고 있다.

▶ 작은 규모와 에른스트 슈마허

롭 홉킨스에게 영향을 준 두 번째 사상가는 에른스트 슈마허이다. 그는 석탄발전연구소에서 연구하며 이미 화석연료에 의지하는 에너지 문제에 대해 경고한 바 있다.

> "이제 꼭짓점은 지났고, 앞으로 석유는 비싸고 귀한 자원이 될 것입니다. 세계 역사상 값싼 석유가 그토록 남아돌던 전대미문의 짧은 기간 동안 결과적으로 대량의 저가 석유로 인해 어떤 일이 벌어질 것인가. 결과적으로 어떤 식의 경제가 형성되었는가."
>
> – 에른스트 슈마허, 《굿 워크》

일찍이 슈마허가 세상에 던진 경고와 대안은 피크 오일과 금융위기의 시대에 적중했다. 세계화에 맞서 지역 경제 시스템과 지역의 회복력을 목표로 하는 전환운동은 슈마허 사상의 유산이라 할 수 있다.

롭 홉킨스는 전환운동을 통해 석유 정점의 시기가 왜 중요한지를 널리 알리고 있다. 앞서 살펴본 콜린 캠벨의 보고서에 의하면 마지막 한 방울이 중요한 것이 아니라, 피크 오일에 대한 계획을 미리 세우지 않으면 유가 폭등으로 경기 침체와 경제 붕괴로 이어질 수 있다. 최악의 경우 에너지의 공급, 식량문제, 주거지 문제 등에 영향을 주고, 이에 타격을 받는 것은 저개발국가, 지역경제, 저소득층이 될 수밖에 없다.

슈마허도 《작은 것이 아름답다》에서 석유가 완전히 고갈될 때를 기다릴 것이 아니라 석유 증가세가 멈출 때, 즉 피크 오일을 걱정해야 한다고 말했다. 그때는 이미 "고도성장의 지속은 불가능하고 원유공급 확보를 위한 무력투쟁이 발생할 우려가 크다고 예측했다. 특히 슈마허는 원자력 발전이 미래 에너지의 대안이 아니라고 강조"하면서 "에너지 절약 사회로 가야한다."고 강조했다.[69]

롭 홉킨스는 피크오일 이후의 삶에 대한 연구가와 학자들의 수많은 시나리오를 접하면서, 이에 대처하기 위해서는 장기적인 전환이 필요하다고 생각했다. 그러려면 하루라도 빨리, 지금 당장 시작하고 '작은

---

69 김해창, 《작은 것이 아름답다, 슈마허 다시 읽기》, 인타임, 2018

규모'로 진행하는 것이 대안이 될 수 있었다. 그가 생각한 것은 토트네스 전환마을을 설립할 때 진행한 것과 같이 마을 중심으로, 지역 단위로 실행하고, 에너지 하강 계획을 세우는 것이었다.

  지역 경제가 탄력성을 유지하고 회복력을 갖추기 위해서는 무엇보다 지역에서 생산과 소비가 이루어져야 한다. 에너지, 식량, 운송 등 다방면에 걸쳐 지역 경제 시스템이 마련되어야 한다. 이는 폐쇄된 경제를 말하는 것이 아니라 지역에서 생산할 수 있는 것이 많으면 많을수록 지역 경제가 유연하고 탄탄하게 구축될 수 있다는 뜻이다. 이에 대한 구체적인 내용은 앞서 슈마허의 사상에도 나타나 있듯이 인간중심의 경제학, 불교경제학, 중간기술(적정기술) 등 작은 규모 중심의 전환 방법을 연구하는 것이다. 슈마허가 적정기술의 조건으로 들었던 것을 보면, 작업장은 '사람들이 살고 있는 곳'에 만들고, 건설비용은 '저렴'해야 하며, '단순한 생산 방법'을 이용하되, 생산은 '지역의 원료'를 이용하여 '지역'에서 이루어져야 한다고 설명하였다. 이는 토트네스 전환운동에서 이어받은 정신이자 원칙이 되었다.

  이러한 측면에서 2008년 롭 홉킨스가 슈마허 상을 받은 것은 큰 의미가 있다. 그는 수상의 영예를 마을과 주민 전체에게로 돌리며 자신은 전환운동의 리더가 아니며, 지역 경제 시스템과 지속가능한 마을 만들기는 토트네스 전환마을의 주민들의 힘이라고 말했다. 슈마허 상은 슈마허의 사상인 '인간 경제학'과 '지속가능성'에 공헌한 인물과 풀

뿌리 조직에게 수여된다.[70] 이 상을 받은 인물과 단체들은 오늘날 인류의 위기를 해결하기 위해 지역적 차원에서 활동하는 슈마허의 후예들에게 수여된다. 그런 의미에서 롭 홉킨스와 토트네스 전환마을이 이 상을 수여한 것은 슈마허의 정신을 이어받은 지역공동체로서 평가받은 것이라고 할 수 있다.

▶ 지역 회복력과 데이비드 플레밍

전환운동에 큰 영감을 준 데이비드 플레밍이 2010년 세상을 떠났다. 롭 홉킨스는 초기 전환 이니셔티브를 고안하면서 갈피를 잡지 못할 때, 지역의 회복력에 초점을 맞추고 연구하던 플레밍 박사에게 자문을 구했다. 플레밍 박사는 롭 홉킨스에게 집필 중이었던 〈린 경제〉의 사본을 보내주었다. 두 사람은 서로에게 영감을 주었고 전환운동과 지역 회복력에 있어 한 단계 더 전진할 수 있었다.[71]

데이비드 플레밍은 영국 녹색당이 된 생태당의 창시자로서 환경 정책을 위해 많은 일을 한 사람이었다. 그는 최초로 피크오일의 가능성

---

70 슈마허 소사이어티는 1994년부터 슈마허 상을 수여해왔다. 슈마허 소사이어티는 사티쉬 쿠마르를 초대 의장으로 설립한 단체로 슈마허 서클이기도 하다. 특히 이 상은 다이애나 슈마허(Diana Schumacher)가 선도하였고, 그녀는 환경 운동가로서 지속가능성에 대한 전체론적 접근 방식으로 연구 활동하고 있으며 저서에는 《21세기 작은 것은 아름답다(Small Is Beautiful in the 21st Century)》가 있다. 다이애나 슈마허는 에른스트 슈마허의 며느리이자 사티쉬와 〈그린북스〉 출판사를 공동 설립했다.
71 롭 홉킨스와 데이비드 플레밍의 교류에 대한 이야기는 전환문화 블로그의 글을 참조. https://www.transitionculture.org/

을 밝힌 이들 중 한 명이며, 기후 변화에 대처하기 위해 '거래 가능한 에너지 할당량TEQ : Tradable Energy Quotas'을 창안한 인물이다. 또 포스트 성장주의 경제학Post-growth economics의 선구자이다. 그가 피크 오일과 기후위기에 대처한 전환운동과 연대하여 지역 회복력 개념을 더욱 발전시킨 것은 자연스러운 일이었다. 데이비드 플레밍은 슈마허 서클 중 하나인 신경제학 재단과 토양협회의 주요 멤버로서, 전환운동이 회복력과 지역 경제 시스템을 구축하는 데 많은 영향을 주었다. 그는 무엇보다 피크 오일의 심각성을 잘 알고 있었고, 지역의 회복력과 커뮤니티에 대한 연구가 그 대안이 될 수 있음을 강조해왔다.

데이비드 플레밍의 《린 로직Lean Logic》에 의하면 '회복력'은 외부의 충격에도 불구하고 시스템이 현재 상태를 유지하려는 경향을 말하고 회복력을 갖추기 위해서는 커뮤니티로 확장되어야 한다. 이때의 '커뮤니티'는 실제 장소로 연결된 사람들의 공동체인 지역 커뮤니티를 말한다. 이는 같은 목적을 추구하는 '의도적인 공동체Intentional Community'처럼 종교나 비전의 차이가 생긴다고 해서 떠날 수는 없다. 지역이 회복력을 갖추기 위해서는 그 지역의 역사와 특성을 파악하고 고려하여 시스템을 설계해야 한다. 그래야 외부로부터의 타격을 받기 전, 탄력성 있는 상태로 돌아갈 수 있다.

데이비드 플레밍과 롭 홉킨스는 지역 경제, 지역 민주주의, 로컬푸드, 지역 문화, 지역 에너지 등에 걸쳐 등 다방면에 걸쳐 전환운동을 시도해왔다. 여기서 플레밍 박사도 주민들의 역할이 중요함을 강조했다. 주민들이 스스로 무엇을 할 수 있는지 결정하고, 이웃과 서로 관계를 맺어가며, 건강한 커뮤니티 그룹을 만들 때 지역의 회복력은 더 탄탄해지기 때문이다.

　데이비드 플레밍이 연구한 지역 회복력의 개념으로 전환운동은 한 걸음 더 발전할 수 있었다. 롭 홉킨스는 그를 "자신이 되고 싶었던 인물"로 꼽았다. 그래서 플레밍 박사가 사망 후에는 그의 연구서들을 책으로 펴내는 데 많은 기여를 했다.[72] 데이비드 플레밍이 평생에 심혈을 기울인 《린 로직》은 롭 홉킨스와 숀 챔벌린 등 많은 이들의 노력으로 출간되었다.[73]

72　숀 챔벌린과 데이비드 플레밍, 《Surviving the Future - Culture, Carnival and Capital in the Aftermath of the Market Economy》, Chelsea Green Publishing, 2016. 숀 챔벌린은 스승인 데이비드 플레밍의 강연을 발췌하여 출간하였으며, 롭 홉킨스가 서문을 썼다.
73　데이비드 플레밍, 《Lean Logic -A Dictionary for the Future and How to Survive It》, Chelsea Green Publishing, 2016

4 지역 중심의 전환 커뮤니티의 힘

토트네스의 사상적 연대

토트네스에서 보내는 마지막 날 트라이앵글을 이루고 있는 슈마허 칼리지, 다팅턴 홀, 토트네스 구시가지를 모두 돌아보기로 했다. 여러 산책길이 조성되어 있는데 그중 다팅턴 홀 부지를 가운데 두고 노스우드와 다트 강변을 끼고 걸으면 꽤 긴 거리를 트레킹 하게 된다. 우리는 세인트 메리 성당에서 슈마허 칼리지를 지나 다팅턴의 그레이트 홀까지, 그리고 다트 강변을 따라 토트네스 기차역으로 걸어갔다.

우리는 천천히 지팡이를 짚으며 걸었다. 마치 사티시 쿠마르처럼 평화의 순례자가 된 것 같았다. 그리고 생태계와 가이아 이론을 연구하느라 지팡이를 짚으며 다팅턴을 걸어 다니는 스테판 하딩 교수도 생각났다. 산책길을 걸어 어느새 토트네스 기차역에 도착했다. 기차역에서 토트네스 성으로 올라갈 수도 있지만, 우리가 첫날 도착했을 때처럼 다트 강변의 토트네스 다리에서 구시가지 안으로 올라갔다. 그때처럼 이스트 게이트가 맞아주었다.

하이스트리트 양쪽에 있는 작은 가게들을 구경하며 걸었다. 토트네스 마을에서는 거대 체인점이나 유명 브랜드 상점은 찾아볼 수 없고 주민들이 살아가는 데 필요한 생필품 상점들이 대부분이다. 도서관을 지나자 빵집, 카페, 서점, 가구수리점, 문구점, 옷가게들이 보였다. 간판을 보는 재미가 쏠쏠했는데, '좋은 농장에서 온 좋은 음식', '베이커리를 위한 씨앗' 등이 보였다. 제일 많이 쓰여 있는 문구는 '홀 푸드', '하우스 레시피', '유기농' 등이었다. 특별히 한 간판에 쓰인 'not made in china' 문구는 지역 경제를 지키는 파수꾼 같았다. 마켓광장에서 빵과 채소, 과일들을 구입했다. 그사이 빵집과 과일 가게는 단골이 되어 인사를 나눴다. 시민회관 건물 아래에도 여전히 오래된 가구, 농기구, 중고물품이 나와 있었다.

마을의 모습이 크게 변하지 않는 건 경제가 낙후되어서가 아니었다. 예스럽게 느껴지는 건 이스트 게이트 위로 역사지구이기 때문만도 아니었다. 세계화의 바람이 덜 유입된 토트네스 마을에는 지역 중심의 경제가 자리잡았기 때문이라는 생각이 들었다. 토트네스 전환마을의 풍경은 주민들이 살고 싶어하던 마을의 모습일 것이다. 에너지 위기와 기후위기의 충격에도 탄탄한 마을로 발전할 것이다.

2006년 슈마허 칼리지에서는 "포스트오일 시대의 삶Life After Oil"을 주제로 데이비드 플레밍과 롭 홉킨스가 강연했다. 다양한 관점에서 피크 오일의 문제에 대처하기 위해 열린 강연이었다. 토론의 내용은 초기 전환운동을 시작했을 때의 고민과 같았다. 우리가 얼마나 석유에 의존하고 있는지, 그리고 석유 의존에서 벗어나기 위해 어떻게 사회를 재설계해야 하는지 등이었다. 전환운동과 슈마허 칼리지는 인류의 미래를 지속가능성에 두고 있다. 그래서 더 강한 연대와 사상의 교류로 로컬 커뮤니티 연구에 박차를 가하고 있다.

슈마허 칼리지에서는 학과수업에 전환 커뮤니티 프로그램을 연계하여 혁신적이고 실험적인 학습이 될 수 있도록 돕고 있다. 또 슈마허 칼리지의 생태학, 재생 농법, 재생 경제의 프로그램 등도 토트네스의 전환운동과 직접적으로 이어져 있다. 최근에 슈마허 칼리지는 '전환 경제학Economics for Transition' 강의를 열었다. 글로벌 경제 시스템의 위기에 대응하기 위해 만든 이 학문은 슈마허 서클인 신경제학 재단과 전환 네트워크가 함께 창안한 연구 수업 프로그램이다. 플리머스 대학과의 연계로 '전환 경제학' 석사 과정도 개설되었다. 강의에는 슈마허 칼리지, 신경제학 재단, 대체에너지 기술센터 등에서 사상가들이 초빙되었고 전환 네트워크의 공동 설립자인 롭 홉킨스와 나레쉬 장그란데도 함께 하고 있다. 연구자와 학생들은 오늘날 세계가 직면한 지속가능성 문제, 즉 생태적, 경제적, 사회적 위기가 글로벌 경제 시스템과 어떻게 연결되어 있는지를 모색하고 있다. 에른스트 슈마허가 강조한 것처럼 인류가 직면한 문제는 삶의 방식 전체에 걸쳐져 있기 때문에 다각적인 연구가 진행되고 있다.

타고르에서 롭 홉킨스까지

　마을과 지역을 연구한 사상가들의 연대는 토트네스가 왜 주목받고 있는지를 잘 말해주고 있다. 그리고 위기의 시대를 회복의 기회로 삼는 전환운동은 로컬 커뮤니티의 연구와 이어져 있었다. 인류에게 닥친 에너지 위기, 기후위기의 시대에 세계는 왜 로컬에 집중할까. 글로벌 경제 시스템에 맞서 지역 경제 시스템에서 그 해답을 찾을 수 있을까. 전환운동은 이러한 고민과 실험에 답을 찾아가는 여정이었다. 우리가 토트네스를 찾은 이유도 여기에 있었다.

　토트네스 탐방을 하는 동안 우리는 그 의문이 조금씩 풀리는 걸 알 수 있었다. 토트네스는 도시개발로 부흥한 마을도 아니었고, 롭 홉킨스와 주민들이 어느날 우연히 전환마을을 창조한 것도 아니었다. 토트네스 지역에는 역사적으로 여러 사상가들이 지속가능한 사회를 위해 마을 재생운동을 이끌어왔다. 전 세계 로컬운동의 역사에서 토트네스 지역만 두드러진 것은 아니다. 다만 한 지역에서 시대적 어려움에 대한 대안으로 '로컬'에 집중하여왔다는 것, 여러 사상가들이 마을을 중심으로 자생력과 회복력을 갖추기 위해 노력한 역사가 전해지고 있다는 것은 매우 의미있는 부분이었다. 이것이 오늘날 위기의 시대에 다시한번 토트네스 지역에 뿌리를 둔 사상가들을 우리가 살펴보아야 하는 이유였다.

인도의 시인 타고르에서 엘름허스트까지,
간디와 비노바 바베에서 사티쉬 쿠마르까지,
사상적 유대로 이어진 에른스트 슈마허에서 롭 홉킨스까지,

그들이 마을을 중심으로 스스로 자립하고 회복력을 갖출 수 있도록 노력한 도전들은 오늘날까지 전해지고 있었다. 오늘날 사상가들이 남긴 씨앗을 이어받아 대안을 모색하고 있는 토트네스에는 로컬 커뮤니티의 힘이 살아 있었다.

마을이 바뀌면 세계가 바뀔 수 있다는 통찰력은 인류를 지속가능한 미래로 이끌어줄 것이다. 로컬에 해답이 있다는 사상가들의 신념과 혁신적인 아이디어, 그리고 실패조차도 배움으로 삼았던 그들의 노력을 이어받아 전환운동은 전 세계로 퍼져가고 있다. 토트네스에서 만난 '오래된 미래'는 앞으로도 에너지 위기와 기후위기를 해결하는 데 큰 구심점이 되어줄 것이다.

시인 타고르는 말했다.

"한 마을이라도 스스로 자립할 수 있다면 그 마을을 모델로 열 개의 마을이 자립할 수 있습니다. 나는 그것을 나의 인도라고 부를 것입니다."

간디는 말했다.
"마을이 세계를 구할 수 있습니다."

슈마허는 말했다.
"작은 것이 아름답다! 작은 규모의 가치, 인간 중심의 경제학을 추구해야 합니다."

롭 홉킨스는 말했다.
"정부를 기다리기에는 너무 늦고, 개인으로는 미약하지만, 이웃과 함께 한다면 제때에, 제대로 할 수 있습니다."

에필로그

토트네스를 떠나며

런던에서 버스를 타고 토트네스에 도착한 날처럼 다시 그 거리로 왔다. 우리는 토트네스를 떠나 다시 런던으로 돌아간다. 토트네스 다리에는 대서양으로 이어지는 페인톤, 톨베이로 가는 버스들이 오가고 있었다. 우리는 토트네스에서 더 많은 것을 돌아보고 싶어 숙소를 구할 수 없는 며칠 동안은 저 버스를 타고 페인톤에 가 있었다. 그리고 아침이면 버스를 타고 다시 토트네스 구시가지로 돌아왔다. 버스로 20분 정도의 거리를 매일 오가며 토트네스에서 더 많은 것을 보고 배웠다. 다시 기회가 된다면 여행자가 아니라 주민이 된 것처럼 더 생생한 전환마을의 일상을 체험할 수 있기를 바란다. 슈마허 칼리지에서 지속가능한 생태학도 더 깊이 공부할 수 있으리라. 이제 떠나는 순간에, 왜 토트네스에 지속가능한 미래가 걸려있는지 어렴풋이 알 것 같았다.

하지만 토트네스 전환마을에 가야만 반드시 전환운동을 배울 수 있는 건 아니다. 전환운동은 우리가 사는 거리에서, 이웃들과 시작하는 것이다. 스스로 변화하고, 변화를 전달하고, 이웃과 함께 커뮤니티를 통해 변화를 조직할 때 전환은 가능할 것이다. 중요한 것은 오늘 우리가 전환을 맞이할 각오가 되어 있느냐, 얼마나 신속하게 지속가능한 미래를 앞당길 수 있느냐 하는 것이다. 물론, 콜린 캠벨의 말처럼 우리의 생활방식을 모두 바꾼다는 것은 그리 쉬운 일은 아닐 것이다. 하지만 이미 해답은 나와있다. 전환의 길로 들어서느냐, 그렇지 않느냐 하는 것이다. 하지만 롭 홉킨스는 미래와 사랑에 빠진다면 분명 가능할 것이라고 했다. 이런 생각에 빠져있는 사이, 버스는 토트네스 기차역을 지나 런던의 빅토리아 코치 스테이션을 향해 달려갔다.

♠

팬데믹을 겪으면서 토트네스 전환마을도 힘든 시기를 보냈다는 소식을 들었다. 하지만 그동안 지역 커뮤니티가 얼마나 중요한지 깨닫게 해 준 시간이라고도 했다. 봉쇄령이 내려진 동안에도 토트네스 전환마을은 지역 내에서 생산과 소비가 이루어지는 시스템을 이용해 타격을 적게 받을 수 있었다. 밀을 생산하고 제분소에서 빻아 빵을 만들었다. 카페를 열 수는 없었지만 시너스 브릿지에 있는 빵 가게는 아침마다 마을 주민들의 식탁을 책임졌다. 푸드 인 커뮤니티는 채소상자를 만들고 생필품 꾸러미를 날랐다. 이러한 모습은 다른 지역보다 위기에 더 대처할 능력, 일상으로 회복하는 힘이 더 크다는 것은 보여주었다. 그것은 글로벌 경제 시스템으로 된 경제구조보다 현지에 의존하는 지역경제 시스템이 더 자립적이고 탄력적이라는 것을 말해주었다.

그 이후로도 토트네스 전환마을은 더 많은 변화를 맞고 있다. 에너지 위기와 기후위기는 더 긴박하고 더 위협적인 상황으로 몰리고 있기 때문이다. 이러한 상황에서 '토트네스 기후 허브'는 중요한 역할을 해 나가고 있다. 마켓 광장과 시민회관에서 다양한 프로그램을 통해 기후비상사태에까지 이른 위기의 시대를 해결하기 위해 노력하고 있다.[74]

오프닝 행사에는 2015년 파리 기후협정의 중심인물이었던 톰 리빗카넥Tom Rivett-Carnac이 "지금 우리는 어디에 있습니까?"라는 강연을 열었다. 토트네스 기후 허브의 설립에 많은 영향을 준 데본 주의 기후위기 대응팀에서도 "기후변화에 대해 지역 수준에서는 어떤 대응이 이루어지고 있는가?"를 이야기했다. 프로그램에는 주민들의 이야기 코너도 들어 있었는데 '인크레더블 에더블Incredible Edible Totnes' 커뮤니티가 얼마나 활발하게 운영되는지 들려주었다. 롭 홉킨스는 마지막 무대에 올라 "우리가 지역적 차원에서 맞이할 수 있는 놀랍고 긍정적인 미래"에 대해 특유의 재치있고 긍정적인 강의를 들려주었다. 음악 공연이 열리는 동안 사회적 기업이자 전환 커뮤니티인 '푸드 인 커뮤니티'

---

74 2022년 6월 토트네스 시민회관에서 열린 '토트네스 기후 허브' 출범식의 내용이다.

가 제공하는 로컬푸드 채식식단으로 모두 함께 즐거운 식사를 했다. 역시 판타지가 아닌 토트네스에서 진행된 행사의 모습이었다.

토트네스 전환마을에서는 '커뮤니티 회복력 포럼Community Resilience Forums'도 대대적으로 열리고 있다.[75] 대안적 경제 모델, 기후변화, 정신건강 등에 대한 내용을 주요하게 다루고 있다. 지역의 회복력을 높이기 위한 행사와 토론회는 지역적인 프로젝트와 동시에 각 분야의 석학과 리더들이 이끄는 풍성한 토론회로 채워진다. 전환운동의 발걸음은 더 암담하고 절망으로 보이는 세계에서 흥미로운 기회의 순간으로 이어지고 있다. 긍정과 희망의 메시지로 더 탄력성을 지닌 사회로 나아가기 위해 토트네스의 항해는 오늘도 계속되고 있다.

> "피크 오일이 닥친 이후 '지역화'는 더 이상 선택이 아닙니다. 그것은 우리가 가야할 피할 수 없는 방향이며, 그 가능성을 받아들일 것인지 아니면 놓칠 것인지 외에는 아무것도 없습니다. 석유 시대의 200년은 지역 중심적인 사고에서 벗어났다가, 다시 '지역'으로 돌아갈 수 있게 해 준 시간입니다."
>
> -롭 홉킨스, 《트랜지션 핸드북》

---

[75] 토트네스의 "커뮤니티 회복력 포럼"은 2025년 시즌 2를 준비하고 있다. 봄에 시작하는 행사는 1년에 두 번 열린다. 자세한 내용은 https://www.transitiontowntotnes.org/blog-article/resilience-forum-to-tackle-climate-change

다시, 에필로그

슈마허 칼리지의 자립을 위하여

원고를 쓰는 동안 토트네스에도 많은 변화가 있었다. 2024년 여름이 끝날 무렵 새로운 소식이 들려왔다.

"슈마허 칼리지가 문을 닫았다."

한동안 우리는 큰 충격에 빠졌다. 소식을 전해들은 전 세계 사람들도 안타까움과 혼란을 겪어야 했다. 슈마허 칼리지가 문을 닫은 것은 그동안 다팅턴 트러스트의 적자, 영국 정부의 학교에 대한 지원 중단, 해외 유학생에 대한 비자 축소 등 많은 요인들이 작용한 재정문제라고 알려졌다. 정작 가장 큰 손실은 세계 유일의 생태학 교육 현장인 슈마허 칼라지에서 학업을 하고 있던 미래의 재원들일 것이다. 학업의 기회가 막힌 것이다.

또한 슈마허 칼리지의 개교 창립회원이었던 스테판 하딩 교수가 세상을 떠났다는 슬픈 소식도 들려왔다. 토트네스에서 산책길을 걸어다닐 때, 그가 첫 부임했을 때부터 심었다는 버드나무 군락지가 생각났다. 그는 병환 중에도 마지막까지 순례자처럼 지팡이를 짚고 토트네스의 생태계를 돌아보고 다녔다고 한다. 스테판 하딩 교수는 슈마허 칼리지 설립자 중 한 명이며 제임스 러브록과 함께 개교 강연을 이어간 교수였다. 가이아 이론의 타당성을 위해 공동연구를 진행하며, 슈마허 칼리지에서 과학적이고 생태적인 방법으로 교육하기 위해 노력한 학자였다. 또한 아르네 네스의 심층생태학을 이어받아 슈마허 칼리지에서 전체론적 과학 과정이 설립되도록 도왔던 스테판 하딩 교수는 슈마허 칼리지의 마지막을 함께 하고 떠났다.

  얼마 후 멈춘 것만 같았던 시계가 움직이기 시작했다. 사티쉬 쿠마르는 세인트 메리 성당에서 슈마허 칼리지가 어떤 방식으로든 다시 수업을 이어갈 수 있도록 하겠다고 말했다. 롭 홉킨스는 불사조 팀이 새로운 일을 시작할 거라며 희망적으로 말했다. 그리고 몇 달이 지난 후 에른스트 슈마허의 유산을 보존하고 생태학 교육의 산실을 지키기 위해 사티쉬 쿠마르 재단이 설립되었다.[76] 1991년 문을 연 생태교육의 산실인 슈마허 칼리지는 30여년이 흐른 후 이렇게 새로운 여정을 시작하게 되었다. 시인 타고르가 차팀나무 아래에서 학생들을 가르치던 것처럼 슈마허 칼리지의 생태학 교육은 다트 강 주변의 열린 강의실

---

76   사티쉬 쿠마르 재단은 슈마허 칼리지의 독립과 성장을 위해 글로벌 이니셔티브 네트워크를 구축하고 기부할 수 있는 통로를 열었다. https://www.satishkumarfoundation.co.uk/

에서 시작되었다. 새로운 슈마허 칼리지의 기초과정으로 다시 문을 열었다. 그 이름은 '슈마허 와일드$^{Schumacher\ Wild}$'이다. 다시 역사가 흐르고 있다.[77]

《작은 것이 아름답다》 출간 50주년이 지나고 일어난 일로 우리는 에른스트 슈마허를 다시 떠올리지 않을 수 없었다. 처음 슈마허 칼리지를 소개했을 때의 문구를 다시 한 번 옮겨본다.

> "일찍이 화석연료에 대한 경고, 거대한 서구 자본주의 경제 시스템에 대한 비판, 이에 대해 시대를 앞서 사회를 진단하고 통찰했던 에른스트 슈마허.
> 토트네스에는 '작은 것이 아름답다'는 에른스트 슈마허의 사상과 유산을 이어받은 슈마허 칼리지가 있다. 1991년에 세워진 생태학 교육의 산실에는 간디와 슈마허, 비노바 바베와 사티쉬 쿠마르로 이어지는 사상의 흐름, 시인 타고르에서 롭 홉킨스로 이어지는 마을 재건 운동과 지역 회복력의 역사적 배경이 살아있다."

토트네스에서 날아 온 희망의 메시지는 그동안의 슬픔과 충격을 조금 가라앉혀 주었다. 그리고 원고를 이미 끝냈으나 우리는 독자에게 한 번 더 이야기를 들려주어야겠다고 생각해 "다시, 에필로그"를 썼다. 슈마허 칼리지로 이어졌던 다팅턴 트러스트의 관계는 끊어졌지만, 스승 타고르로부터 시작된 엘름허스트 부부의 다팅턴 트러스트 역사가 사라진 건 아니기 때문이었다. 오히려 우리가 토트네스 탐방

---

[77] 슈마허 칼리지의 새로운 학제과정은 슈마허 와일드에서 확인할 수 있다. https://www.schumacherwild.org/

을 통해 알게 된 사상가들의 역사와 연대는 더욱 더 소중한 기록으로 남을 거라는 생각이 들었다. 그 흐름이 끊어지지 않고 다른 방법으로 연구되고 모색될 수 있도록 이 탐방기가 징검다리가 되기를 소망한다.[78]

스테판 하딩교수가 첫 부임했을 때 심었던 버드나무와 생태습지

---

78 ♠ 《세상을 바꾸는 힘 로컬 커뮤니티》는 기부와 홍보를 통해 슈마허 칼리지의 독립을 위하여 노력합니다.

부록 1

슈마허 서클

The Schumacher Circle

영국 토양협회 The Soil Association

영국 토양협회는 1946년에 설립된 자선단체이다. 영국의 기계화된 농업과 집약적인 농업에 대한 비판, 제초제에 반대하는 캠페인으로 시작되었다. 영국에서 지속가능한 식품, 유기농 식품 등을 위해 오랫동안 노력해 온 단체이다.

초기 설립자들은 농장에서 다양하고 새로운 실험을 시작했다. 집약적 농업, 전통적 농업, 혼합적 농업으로 나누어 재배해 본 결과 혼합작물을 재배했을 때 토양이 가장 건강하며 작물의 회복력도 뛰어났다는 걸 알게 되었다. 또한 생물 다양성을 보호하기 위해서도 가장 좋은 방법이었다. 공동 설립자인 이브 밸푸어 Eve Balfour 는 《살아있는 토양 The Living Soil》을 통해 많은 영향을 끼쳤다.

"토양, 식물, 동물과 인간의 건강은 하나이며 나눌 수 없습니다."
-앨버트 하워드 경

1967년 영국 토양협회는 환경친화적인 농업 생산방식과 동물복지를 위해 기준을 마련했다. 이것이 바로 유기농 식품에 대한 기준이다. 1973년에는 토양협회 인증제도가 시작되었다. 식품, 농업, 요식업, 건강 및 미용, 섬유 및 임업 등 전반적으로 지속가능한 유기농 인증제도를 적용하였다. 오늘날 토양협회의 유기농 인증 마크는 생태학과 건강한 유기적 순환원칙을 구현하는 표준이자 상징이 되었다.

1983년 레이첼 카슨의 《침묵의 봄》으로부터 시작된 DDT의 충격으로 토양협회에서도 대대적인 캠페인을 벌였고 영국에서 전면 금지되는 결과를 얻었다. 또한 건강한 식품과 동물의 복지를 위해 오랫동안 벌여온 항생제 금지 캠페인은 1999년 유럽연합에서 승인을 얻었다. 이외에도 학교 급식을 통한 건강한 영양 섭취, 농업 생태학의 보호, 기후 변화에 대처하는 농업방식 등과 관련해 많은 활동을 이어왔다.

슈마허는 《굿 워크》에서 "비폭력이란 자연 체계를 강제로 거스르지 않고 생태적인 원리를 존중하면서 자연과 더불어 노동하는 생산방식"이라고 했다. 그리고 토지에 대한 소유와 생태계 파괴에 대해 비판하였다. 슈마허는 토양협회의 설립자인 이브 밸푸어와의 인연으로 토양 협회 회원이 되었고 회장을 맡기도 했다.

프랙티컬 액션 Practical Action

Practical ACTION

1966년 슈마허는 중간기술의 필요성을 주장하고 중간기술 개발그룹을 설립했다. 슈마허가 생전에 설립한 유일한 단체이다. 중간기술은 이후 적정기술로 용어가 대체되었고, 적정기술 컨설팅 부문과 독립출판 부문을 시작했다. 단체는 지역 프로젝트에 참여해 농업, 에너지, 건축자재 및 농촌 건강에 관한 실무 그룹 등을 개발했으며 국제기구로 성장하였다.

슈마허가 동료들과 중간기술 개발그룹을 설립한 것은 불교경제학을 실천하기 위해서였다. 가난한 농촌에 현실적인 도구를 원조하여 적절한 기술과 교육을 제공하는 것이다. 슈마허는 잠비아에 방문했을 때 달걀을 시장에 내다 팔 포장 재료가 없어 울고 있는 상인을 도와 준 경험이 있다. 이때 조사를 통해 전 세계 달걀판은 다국적 기업 한 군데에서만 생산된다는 것을 알게 되었다. 중간기술 개발그룹에서는 대학과의 협업으로 포장 재료를 소규모로 생산했고 소규모 농가에 큰 도움을 주었다. 이처럼 거대기술은 지역의 소규모 생산에 기회를 앗아가고 불평등과 빈곤을 가져온다. 이로써 거대기술에 맞선 중간기술의 필요성을 확실히 파악하게 되었다.

> "프랙티컬 액션은 독창적인 아이디어를 실행에 옮기는 혁신적인 국제개발 그룹으로 가난한 사람들이 세상을 바꿀 수 있도록 합니다."

2005년 단체는 프랙티컬 액션으로 변경되었다. 프랙티컬 액션은 국제적 목표를 기반으로 빈곤층과 지역 사회에 혁신적이고 지속가능하며, 실용적인 대안을 제공하기 위해 노력하고 있다. 그들이 주력하고 있는 분야로는 청정한 에너지, 개발도상국의 건강을 위한 지원, 기후위기에 적응할 수 있는 농업 생태학 등이다. 또한 지구를 가장 적게 오염시키지만 재난의 최전선에 있는 사람들에게 기후에 적응하고 재난의 영향을 최소화할 수 있도록 지원하고 있다.

오늘날 프랙티컬 액션은 기후위기, 자연재해 및 전염병 등으로부터 지역 사회를 보호하는 것을 가장 우선으로 두고 있다. 경제학은 가난한 이들을 위해 필요하며 빈곤을 없애는 것을 최우선으로 해야 한다는 슈마허의 생각은 오늘날 개발도상국에 더욱 절실한 과제가 되고 있다. 프랙티컬 액션의 궁극적인 목표는 '모두가 좀 더 나은 세상' 속에서 살아가는 것이다.

신경제학 재단 New Economics Foundation

신경제학 재단은 '사회적, 경제적, 환경적 정의'를 촉진하기 위해 1986년 설립된 영국의 연구소이다. 영국 경제학자 제임스 로버트슨과 슈마허 소사이어티 회원인 앨리슨 프리차드가 설립에 도움을 주었다.

지속가능하고 평등한 지역 재생, 공공 서비스를 위해 활동하고 있으며, 기후위기에 따라 안정적이고 새로운 경제 시스템을 위한 연구도 진행하고 있다. NEF는 모든 이가 평등하고 지속가능한 혜택을 받을 수 있도록 경제 시스템을 재설계하는데 주력하고 있다. 기후변화에 대처하기 위해 그린뉴딜을 제안하고 연구하는 것도 그중 하나이다.

신경제학 재단의 세 가지 임무를 살펴보면 먼저 새로운 사회에 적응하고 경제적으로 정착하는데 어려움을 겪는 사람들을 돕고 있다. 다음은 탄소를 줄이면서 새로운 일자리를 창출하는 정부 주도의 그린 뉴딜이다. 세 번째 임무는 모두에게 평등한 경제 소유권을 갖게 하는 것이다. 공공 서비스가 줄어들고, 결함이 있는 복지 시스템이 많으며,

저임금 노동으로 인한 착취 등 곳곳의 문제점을 개선하기 위해 노력하고 있다.

그동안 신경제학 재단의 활동 중 가장 눈에 띠는 것은 제3세계의 부채 청산을 촉구하는 국제연합의 캠페인 '주빌리 2000 Jubilee 2000'이다. 가톨릭계에서 2000년을 맞아 성경의 내용을 토대로 시작한 캠페인은 세계 최빈국이 지고 있는 900억 달러의 부채를 줄이는 목표를 세웠다. 캠페인의 성공으로 2000년 이후 단체는 부문별로 나뉘어 활동하고 있다. 신경제재단은 주빌리 리서를 맡아 제3세계 부채에 대한 심층분석 및 데이터를 제공하는 부문을 담당하고 있다.

신경제학 재단은 '행복한 지구 지수'라는 개념으로 2007년 '인간 조건의 개선을 위한 상 Award for the Betterment of the Human Condition'을 받았다. 이는 국내 총생산(GDP)에 반하는 개념으로 더 나은 삶을 위해서는 모든 사람을 위한 지속가능한 웰빙을 측정하는 것이 필요하다고 강조하고 있다. '행복한 지구 지수'는 슈마허의 불교경제학과 부탄의 국민 총행복(GNH) 지수와도 이어지고 있다. 여기에는 생태발자국까지 들어 있어 지역 경제 시스템의 구축과 탄소 배출량 감량에도 큰 영향을 끼칠 것이다.

대체 기술 센터^{Centre for Alternative Technology}

대체 기술 센터는 1973년 환경운동가인 제라드 모건 그렌빌^{Gerard Morgan-Grenville}이 웨일즈에 설립한 단체이다. 초기 2만 파운드의 기부로 시작해 빈 채석장에 설립된 단체는 지속가능한 개발과 대체 에너지에 집중하였고 점차 생활 전반으로 확대하였다. 재생 에너지, 지속가능한 건축, 원예 및 유기농법 등에 대한 대학원 교육 및 단기교육 센터 등도 운영하고 있다.

CAT는 1970년대 석유 위기와 화석 연료가 환경에 미치는 심각성에 대해 고민하면서 《작은 것이 아름답다》에 영감을 받아 설립되었다. 새로운 대체 에너지 연구와 생활방식의 전환을 위해서였다. 설립 초기에는 녹색 전기를 생산하기 위해 연구를 시작했는데 먼저 풍력발전은 지역 특성과 맞지 않다는 걸 알게 되었다. 태양열 및 수력을 통해 전기를 생산하기 시작했고 태양열과 바이오매스를 통해 온수를 생산했다. 그동안 새로운 에너지 개발을 위해 노력한 그들의 분투는 오늘날 대체 에너지의 발전을 위한 밑거름이 되었다.

50여년이 흐른 오늘날 빈 채석장은 숲과 정원, 연못 등의 생태계를 갖춘 곳이 되었다. 정원과 삼림지대를 이루기 위해 퇴비를 만들어 흙을 쌓는 일부터 나무를 심어 울창하게 가꾸는 일까지 이루었다. 그 모든 성취는 헌신적인 공동체의 노력에 있었다. 또한 뜻을 같이 하는 수천 명의 지원이 계속 이어진 덕분이라고 단체는 말한다.

CAT는 2007년부터 '탄소 제로 브리튼$^{Zero\ Carbon\ Britain}$' 프로젝트에 주력하고 있다. 이는 온실가스 배출량 제로에 도달하는 방법에 대해 모델을 제공하는 것이다. 탄소 제로 브리튼은 기후 및 생물다양성 비상사태에 대처하기 위해 위원회, 지역사회 및 기타 조직을 지원하고 있다.

지속가능한 건축상, 지속가능한 혁신상, 사람과 환경 기업상, 웨일즈 그린 어워드 등 셀 수 없이 많은 CAT의 수상은 인류의 에너지 위기와 기후위기를 위해 노력한 단체의 도전과 실험 정신을 인정한 결과라고 할 수 있다.

지비카 트러스트^{Jeevika Trust}

 지비카 트러스트는 인도 공동체 재활을 위한 국제 NGO 단체이다. 지비카^{जीविका}는 '삶'이라는 뜻으로, 1970년 '인도 개발 그룹^{India Development Group}'이라는 이름으로 출발한 영국의 자선단체이다.

 초기에는 우타르프라데시 주변에만 집중하였지만 빈곤을 해결하고 농촌마을을 살리기 위하여 인도 전역으로 확장되었으며 2005년 지비카 트러스트를 발족하였다. 이는 쓰나미의 피해를 입은 인도 남서부 해안지역의 마을을 원조하기 위한 것이기도 했다. 지비카 트러스드는 앞으로도 인도 NGO 파트너늘의 지원을 통해 활동하게 될 것이다.[79]

---

79 2005년 이후 영국 정부와 민간 자선단체들은 인도에 재정지원이 계속 필요한지를 물었다. 하지만 세계에서 다섯 번째로 인구가 많은 브라질보다 인도 마을의 공식 빈곤경계선에 있는 사람들이 더 많다는 것이 현실이다.

지비카 트러스트는 창립자로 슈마허의 이름을 올려놓았다. 슈마허가 《작은 것이 아름답다》에서 "우리가 생각하는 모든 것의 출발점은 빈곤이다."라는 문장에 주목하고 있기 때문이다. 단체는 슈마허의 사상에 직접적인 영향을 받고 있으며, 그의 혁신적인 사상에 영감을 받고 있다. 인도에서 수억 명의 사람들이 기본적인 위생시설과 교육 및 소득의 기회를 가질 수 있도록 노력하는 것은 슈마허의 사상에 기반한 것이라고 단체는 밝히고 있다.

특히 지비카 트러스트가 슈마허의 선물이라고 밝힌 것은 '적정기술'과 '3섹터 방법'인데, 이는 단체의 설립에 많은 영향을 끼친 철학이다. 슈마허의 적정기술은 환경 친화적이며 저비용의 작은 규모로 진행되므로 인도에서는 물질이나 재화의 지원보다 훨씬 지속적인 방법이다. 자본이나 자원의 투여보다 적정기술과 지식의 전수가 더 인간적이며 활동하기에 자유롭기 때문이다. '3섹터 방법tri-sector methodology'은 시민 사회, 민간 부문, 국가 간의 파트너십으로 진행하는 방식이다. 국가는 합법성과 정책의 틀을 마련하고, 비즈니스 부문은 전문성을 갖추고 자원을 제공하며, 시민 사회 및 NGO는 사람들의 참여를 확대시키는 촉진자 역할을 해야 한다. 오늘날 지비카 트러스트 단체는 농촌 개발 및 인간적인 경제 규모에 대한 슈마허의 통찰력과 사상을 진정한 비전과 사명으로 삼아 활동하고 있다.

슈마허 협회 The Schumacher Institute

영국 브리스톨에 위치한 슈마허 협회는 2008년 설립되었다. 다음은 슈마허 협회의 선언문이다.

> "우리는 경제학자 E. F. 슈마허가 쓴 획기적인 저서 《작은 것이 아름답다》에서 확립한 인간적인 규모와 적정기술의 아이디어와 원칙에 충실하며 (…) 특히 적정기술, 지역 활동, 평화 및 비폭력 접근, 단순함 그리고 모든 사람이 중요하다는 생각을 기반으로 하고 있습니다."

슈마허의 사상은 협회의 정체성에 큰 영향을 주었다. 슈마허 협회는 기득권으로부터 독립성을 유지하고 혁신적인 사고와 세계관의 통합 등을 도모하고 있다. 슈마허 협회의 파트너 조직들을 보면 추구하는 바를 알 수 있는데, 오랜 파트너인 브리스톨 그린 캐피탈 파트너십, 인도 타밀나두에 있는 SCAD[Social Change and Development], 진보적인 교육기관인 아이슬란드 대학, 스칸디나비아의 룬트 대학, 브리스톨 대학교 등이 있다. 최근에는 퍼머컬처와 연계하여 프로젝트를 설계하고 있다.

슈마허 협회는 매년 슈마허 강의를 열어 그의 사상이 사회에 적용되고 발전되도록 노력하고 있다. 강의와 학습 등을 통해 받은 기부는 프로젝트를 실행하는 데 쓰이고 있다. 최근 프로젝트는 헝가리와 인도에 있는 파트너들에게 나무심기 기금으로 사용하였다. 이는 '탄소 부채'를 해결하고 지역 사회에서는 주민들의 식량 및 토지 재생에 큰 도움이 될 것이다. 지속가능한 환경과 지역 재생에 모두 도움이 되는 프로젝트를 이어가고 있다.

특히 슈마허 협회의 활동은 마치 나무가 모여 숲을 이루듯이 독립적인 많은 단체가 연대하는 것이 특징이다. 서로의 연대로 더 역동적인 활동과 상승효과를 불러일으킬 수 있기 때문이다.

슈마허 소사이어티 Schumacher Society

1977년에 슈마허가 사망하자 다음 해 1978년에 슈마허 소사이어티가 설립되었다. 영국 브리스톨에서 열린 첫 모임에서 사티쉬 쿠마르가 의장을 맡고 슈마허를 기리는 강연을 열기로 결정했다. 또한 슈마허 소사이어티는 1991년 슈마허 대학을 설립하는데에도 큰 힘을 실어주었다.

1980년대 중반까지 슈마허 소사이어티는 브리스톨에서 슈마허 강의를 이어나갔고 생태학 분야의 뛰어난 업적을 지닌 이에게 수여하는 슈마허 상도 개최했다. 슈마허 강의에는 이반 일리치, 웬델 베리, 게리 시나이더, 반다나 시바 등 100여명의 사상가와 실천가들이 강의를 이어나갔다. 건강의 생태학, 가이아 민주주의, 공동체 확립 등에 대해 연구하고 있다. 슈마허 협회는 2013년에 문을 닫았다가 2019년에 다시 시작되었다.

슈마허 센터 Schumacher Center

슈마허 서클로 연계된 조직 외에 중요한 단체를 한 곳 더 소개한다. 바로 슈마허 센터이다. 슈마허 소사어티의 설립자인 로버트 스완 Robert Swann 은 헤이즐 헨더슨, 이안 볼드윈과 함께 《작은 것이 아름답다》가 발간된 후 미국 강연 투어를 주도했던 인물이다. 여행하는 도중에 슈마허는 중간기술 개발그룹의 자매 조직 설립을 제안했지만 그가 사망하기까지 이루어지지 않았다. 1980년 로버트 스완은 수잔 위트와 함께 슈마허의 뜻을 이어받아 슈마허 센터를 설립했다. 정식 명칭은 슈마허 신경제센터 Schumacher Center for New Economics 이다. 슈마허 소사이어티의 사티쉬 쿠마르가 설립에 크게 기여하였다.

매사추세츠에 있는 슈마허 센터는 슈마허 사상을 전파하고 연구하기 위한 허브 역할을 담당하고 있다. 1981년에 설립했고 슈마허의 모든 책을 기증받아 슈마허 센터 도서관 Schumacher Center Library 을 운영하고 있다. 그리고 토지 트러스트 커뮤니티 Community Land Trust, 지역 경제를 위한 자조 협회 SHARE: Self-Help Association for a Regional Economy 등을 통해 다양한 활동을 하고 있다. 또 지역 화폐, 시스템 기반 시나리오 등의 앞선 프로그램도 시행하고 있다. 슈마허 센터는 지역 경제를 활성화하기 위한 다양한 접근과 실험을 통해 정의롭고 재생가능한 경제를 구축하기 위해 슈마허 신경제센터로 활약하고 있다. 《작은 것이 아름답다》 50주년을 맞은 2023년에는 그동안 슈마허 사상의 맥락을 짚어보고 미래에 대한 대안을 제시하는 강연을 1년간 진행했다.

> "저는 결코 낙담하지 않습니다. 저는 우리가 탄 배를 더 나은 세상으로 싣고 갈 바람을 일으킬 수는 없습니다. 하지만 적어도 때가 되면 바람을 이용할 수 있도록 돛을 세울 수는 있습니다."
> – E. F. 슈마허, 《굿 워크》

슈마허 센터의 로고는 모래시계와 프리즘의 조합이다. 모래시계는 새로운 경제 체제를 위해 '사람과 토지와 커뮤니티에 투자하는 시간'을 의미하고, 프리즘의 광선은 '슈마허의 비전과 슈마허 센터의 사명과 임무'를 표현하고 있다.[80]

---

80 슈마허 신경제 센터 홈페이지 https://centerforneweconomics.org/

부록 2

전환운동의 원칙

Principles
– The values and principles that guide us

- **머리** : 우리는 가능한 최상의 정보와 증거를 바탕으로 행동하고 집단 지성을 적용해 더 나은 삶의 방식을 찾습니다.

- **가슴** : 우리는 연민을 가지고 일하며, 우리가 하는 일의 감정적, 심리적, 관계적, 사회적 측면을 중시하고 주의를 기울입니다.

- **손** : 우리는 비전과 아이디어를 구체적인 현실로 바꾸고, 실질적인 프로젝트를 시작하여 우리가 사는 곳에 새롭고 건강한 경제를 건설하기 시작합니다.

▶ **우리는 자원의 한계를 인식하고 회복력을 기릅니다.**

- 이산화탄소 배출을 줄이고 화석 연료에 대한 의존도를 크게 줄이며 귀중한 자원을 현명하게 사용해야 하는 긴급한 요구는 우리가 하는 모든 일의 최우선 과제입니다.

▶ **우리는 포용력과 사회 정의를 추구합니다.**

- 우리 사회에서 가장 소외되고 힘없는 사람들은 연료 및 식량 가격 상승, 자원 부족, 기상이변으로 인해 가장 큰 피해를 받을 가능성이 높습니다. 우리는 사회의 모든 집단이 건강하고 지속가능한 생계를 유지하며 잘 살 수 있는 기회를 늘리고자 합니다.

▶ 우리는 자립성(적절한 수준의 자기 조직화 및 의사 결정)을 채택합니다.

- 전환 모델의 의도는 의사 결정을 중앙 집중화하거나 통제하는 것이 아니라 가장 적절하고 실용적이며 권한을 부여하는 수준에서 실행될 수 있도록 모든 사람과 협력하는 것입니다.

▶ 우리는 균형에 주의를 기울입니다.

- 긴급하고 글로벌한 문제에 대응하는 과정에서 개인과 그룹은 개방적이고, 연결되고, 창의적이기보다는 스트레스를 받거나, 폐쇄적이거나, 압박감을 느낄 수 있습니다. 우리는 바쁘게 업무를 처리하는 시간 속에서 균형을 유지할 수 있도록 성찰과 축하, 휴식을 위한 공간을 마련합니다. 우리는 머리와 손, 마음을 모두 활용하고 협업과 신뢰 관계를 발전시킬 수 있는 다양한 작업방식을 모색합니다.

▶ 우리는 실험적이고 학습적인 네트워크의 일원입니다.

- 전환은 실제적이고 실시간적인 글로벌 사회적 실험입니다. 네트워크의 일원이 된다는 것은 서로의 경험과 통찰력을 바탕으로 더 빠르고 효과적으로 변화를 만들어낼 수 있다는 것을 의미합니다. 우리는 성공뿐만 아니라 실패도 인정하고 이를 통해 배우고자 합니다. 우리가 만약 새로운 생활과 업무 방식을 찾다보면, 처음부터 항상 성공할 수는 없습니다. 우리는 진행과정을 투명하게 공개하고 적극적으로 피드백을 구하고 긍정적으로 대응할 것입니다.

▶ 우리는 아이디어와 역량을 자유롭게 공유합니다.

- 전환은 풀뿌리 운동으로, 각 커뮤니티가 진행과정을 직접 주도하기 때문에 아이디어가 신속하고 광범위하며 효과적으로 채택될 수 있습니다. 전환은 지역마다 다르게 나타나며, 우리는 이러한 다양성을 제한하기보다는 장려하고자 합니다.

▶ 우리는 협업하고 시너지 효과를 모색합니다.

- 전환운동의 접근 방식은 커뮤니티로서 함께 협력하고, 집단적 천재성을 발휘하여 개인으로서 할 수 있는 것보다 더 큰 영향력을 함께 발휘하는 것입니다. 우리는 전환운동 전반에 걸쳐 창의적이고 강력한 협력관계를 구축할 수 있는 기회를 모색하고, 프로젝트 간의 연결고리를 찾고, 열린 의사결정의 절차를 만듭니다. 이를 통해 사람들이 서로 연결될 수 있는 행사와 활동을 설계하는 등 협업 문화를 발전시켜 나갈 것입니다.

▶ 우리는 긍정적인 비전과 창의성을 키웁니다.

- 우리의 주요 초점은 반대하는 것이 아니라 긍정적인 가능성을 개발하고 촉진하는 데 있습니다. 창의적인 방법으로 사람들을 끌어들이고 참여시켜 그들이 살고 싶은 미래를 상상하도록 격려합니다. 새로운 이야기를 만들어내는 것은 이러한 비전의 핵심이며, 성공을 즐기고 축하하는 것도 마찬가지입니다.[81]

---

81 전환운동의 원칙에 대한 출처는 전환 네트워크 홈페이지 https://transitionnetwork.org/about-the-movement/what-is-transition/principles-2

참고문헌

김해창, 《작은 것이 아름답다, 슈마허 다시읽기》, 인타임, 2018
데이비드 홈그렌, 《퍼머컬쳐》, 보림, 2014
롭 홉킨스 외, 《우리가 사는 곳에서 로컬푸드 씨 뿌리기》, 따비, 2012
사티쉬 쿠마르, 《그대가 있어 내가 있다》, 달팽이출판, 2004
사티쉬 쿠마르, 《녹색성자 사티시 쿠마르의 끝없는 여정》, 해토, 2008
신지혜 외, 《기후 돌봄》, 산현글방, 2024
안희경, 《내일의 경제》, 메디치미디어, 2021
E. F. 슈마허, 《작은 것이 아름답다》, 문예출판사, 2002
E. F. 슈마허, 《내가 믿는 세상》, 문예출판사, 2003
E. F. 슈마허, 《굿 워크》, 느린걸음 2011
조한혜정, 《선망국의 시간》, 사이행성, 2018

Anna Neima, 《The Utopians: Six Attempts to Build the Perfect Society)》, Pan Macmillan, 2021
Anna Neima, 《Practical Utopia: Many Lives of Dartington Hall》, Cambridge University Press, 2022
David Fleming, 《Lean Logic》, Chelsea Green Publishing, 2016
Kumkum Chattopadhyay, <Rural Reconstruction in India: Views of Rabindranath Tagore>, Bethune College
Rob Hopkins, 《The Transition Handbook : From Oil Dependency to Local Resilience》, Chelsea Green Publishing, 2008
Rob Hopkins, 《From What is to What If》, Chelsea Green Publishing, 2019
Rob Hopkins, Jacqi Hodgson, 《Transition in Action: Totnes and District 2030, An Energy Descent Action Plan》, Green Books , 2010
Shaun Chamberlin & David Fleming, 《Surviving the Future》, Chelsea Green Publishing, 2016
Uma Das Gupta, 《A History of Sriniketan: Rabindranath Tagore》, Niyogi Books, 2022

◐ 참고 사이트

다팅턴 홀 트러스트 https://www.dartington.org

비스바 바라티 국립대학 https://www.visvabharati.ac.in

슈마허 칼리지 https://campus.dartington.org/schumacher-college

사티쉬쿠마르 재단 https://www.satishkumarfoundation.co.uk

슈마허 와일드 https://www.schumacherwild.org

리서전스&에콜로지스트 https://theecologist.org/

토트네스 전환마을 https://www.transitiontowntotnes.org

전환 네트워크 https://transitionnetwork.org

롭 홉킨스 https://www.robhopkins.net

영국 토양협회 https://www.soilassociation.org

지비카 트러스트 https://www.jeevika.org.uk

프랙티컬 액션 https://practicalaction.org

신경제학 재단 https://neweconomics.org

대체 기술 센터 https://cat.org.uk

슈마허 센터 https://centerforneweconomics.org

슈마허 소사이어티 https://schumachersociety.net

슈마허 협회 https://schumacherinstitute.org.uk

유럽의 도시 기행 ❹

세상을 바꾸는 힘 로컬 커뮤니티
- 영국 토트네스 전환마을을 가다

발행일	2025년 3월 12일
지은이	소노스(SONOS)

펴낸곳	레겐보겐북스
펴낸이	강석윤
출판등록	제651-2022-000010호
주소	제주시 구남로 2길 27-1 (이도이동)
이메일	pebbles1@naver.com
블로그	blog.naver.com/regenbogenbooks
인스타그램	@regenbogenbooks

ISBN   979-11-978110-6-7 03920

* 잘못 만들어진 책은 구입한 곳에서 교환해 드립니다.
* 이 책의 전부 또는 일부를 재사용하려면 레겐보겐북스의 동의를 받아야 합니다.